汉语四字经

汉语四字经

科学人文

Science and Humanities

里 京◎著

暨南大学出版社
JINAN UNIVERSITY PRESS

中国·广州

图书在版编目（CIP）数据

科学人文/里京著. —广州：暨南大学出版社，2015.6
（汉语四字经丛书）
ISBN 978 -7 -5668 -1323 -7

Ⅰ.①科…　Ⅱ.①里…　Ⅲ.①社会科学—科学史—世界—青少年读物
Ⅳ.①C091 -49

中国版本图书馆 CIP 数据核字（2015）第 016376 号

………………………………………………………………………………………………

科学人文
著　　者：里　京

策划编辑：李　战
责任编辑：曹　军
责任校对：周海燕

地　　址：中国广州暨南大学
电　　话：总编室（8620）85221601
营销部（8620）85225284　85228291　85228292（邮购）
传　　真：（8620）85221583（办公室）　85223774（营销部）
邮　　编：510630
网　　址：http：//www. jnupress. com　http：//press. jnu. edu. cn
排　　版：广州市天河星辰文化发展部照排中心
印　　刷：深圳市新联美术印刷有限公司
开　　本：787mm×1092mm　1/16
印　　张：13.5
字　　数：191 千
版　　次：2015 年 6 月第 1 版
印　　次：2015 年 6 月第 1 次
印　　数：1—3000 册
定　　价：58.00 元

前言

启蒙思想家梁启超先生说："少年智则国智，少年强则国强。"中西文化先驱、明末大科学家徐光启说："欲求超胜，必先会通。"而今天，我们的教育仍无会通，无会通，则难思辨，则批判性和创造性思想薄弱。因此，我以十余年时间探究基础教育创新变革，发起中国基础通识教育实践，构建基础通识教育教学体系，创作《汉语·四字经》人文会通启蒙读本。

儿童教育也被称为启蒙，《易经》有："蒙以养正，圣功也。"几千年中华历史流传下来几百部优秀蒙学读物，这些读物为古代中国启蒙了众多贤哲，荫及代代华人思想。多数童蒙读本，如《三字经》、《千字文》、《声律启蒙》等，在编纂与教学上兼顾字形、音、义之优，是古典蒙学的上乘之作，而在文义上所表现的是不分学科的会通知识结构，这种蒙学形式该是当今中华启蒙读物最值得传承借鉴的。由于当前流传的古代童蒙读物多成书于宋至清中期，之后具有传统特色的童蒙书几无面世，因此目前流传的童蒙书文义内涵也仅限于中华文化范围。而随着人类社会快速发展，近两百余年人类信息量远超过去两千年的总和，传统蒙学对人类经典文史及现代科学人文思想的缺项已成蒙学不足。所以，创新传承中华蒙学，创作出既兼具传统蒙学韵律美特色，又适合当代中华少年儿童启蒙教育，是开发基础通识教育读本的主导思想。

认知心理学先驱、著名心理学家和教育家罗姆·布鲁纳，在《教育过程》中提出，儿童从出生开始就伴随着教育，任何学科都可用与儿童认知结构相适应的知识结构进行教育。我认为，信息时代，少年儿童的认知发展，除了强调对儿童进行体悟式训练外，通过合适的方式获得大容量的图景概念是一个越来越重要的过程。图景概念有别于死记硬背、精确定义的文字概念，而是要在儿童的头脑里尽可能产生和储存大量的有兴趣的、灵活的，哪怕是模糊的图景意识。儿童在头脑里储存的图景概念越多，越容易在现实生活中对触及到的相关信息引起注意，产生思维碰撞，激发更广泛兴趣和联想，提高自我加工和判断能力，如此逐步孕育出严谨、审慎的思辨能力和丰富的想象力。

教育学创立者夸美纽斯曾提出“泛智论”，主张建立一个包罗万象的知识体系。而先哲庄子却说：“吾生也有涯，而学海无涯。”我们又说“信息爆炸”了。因此，当下要建立一个包罗万象的知识体系，其难度之大远非夸美纽斯时代可比。然而教学必是要抽丝于无绪中，即使抽出仅有的几百个知识元，只要是启蒙教育所必要的知识就会引爆智慧的链式反应。在本书创作构思中，关于“脑细胞各神经元依靠突触相互链接来传递脑电波的结构”也引起了我的关注，我把精选的每个知识元点看作一个脑神经元，把知识元的辐射看作神经元突触，辐射链接越多越长，那么这些知识元就会构成一个“聪慧”的知识网络，我称其为“神经网络知识结构”，这成为《汉语·四字经》知识架构的依据。

《汉语·四字经》按中华文史、世界文史和科学人文三个主线分册，构成当代基础通识教育核心内容。全书在中华和世界上下五千余年人类发展史中汲取历史、文学、哲学、艺术、科学、人文之精华，主干四字一句，双句成韵，为学习者提供一套易于上口、博导联想的，古今中西会通、文理科哲会通、思想大成的基础学习典籍。针对主干韵文，我在精确考据和把握当前科学人文前沿的基础上，对每句韵文都作了解释，以方便学生、教师、家长的理解，使读本更利于课堂教学和家庭教育。

《汉语·四字经》启蒙教育，不要强求死记，应以识字、诵读和兴趣探究为主，由诗韵入手以易于诵读，由图景意识入手以产生概念，为当代中华儿童开拓一条人文会通的精英思想启蒙之路。

这个世界真美好，因为有书可读，而书海无涯，关于书的选择则尤为重要。

愿中华民族的后代在书香中会通，实现超胜，此为《汉语·四字经》系列书作的目的。

里 京

总概

注：画横线部分引自《千字文》

科学人文

总概

001

tiān dì xuán huáng, yǔ zhòu hóng huāng,
天地玄黄，宇宙洪荒，
pán gǔ kāi tiān, qián kūn chū zhāng.
盘古开天，乾坤初张。

【注释】 玄：黑色。　洪荒：混沌迷茫。
乾坤：一般代表天地、阴阳。

《易·乾》卦中说："天玄而地黄。"先秦杂家著作《尸子》中说："四方上下曰宇，往古来今曰宙。"庄子首次在《齐物论》中将"宇宙"连用："旁日月，挟宇宙，为其吻合。"所以，宇指空间，宙指时间，宇宙指时空。传说在天地刚开始产生的时候，天是黑色的，地是黄色的。远古时代，茫茫宇宙，天地相连，混沌一片。

在混沌的天地中有一个生命吸天地之精华而渐渐强壮起来，这个生命叫做盘古。盘古孕育成人以后，睡了一万八千年，醒来睁开双眼，发现周围黑暗混沌一片，非常气愤，便抓起身边的斧子朝混沌的世界劈去。天地分开了，混沌中轻的一部分（阳）飘动起来，冉冉上升，变成了蓝天；而较重的一部分（阴）则渐渐沉降，变成了大地。为了使天地不再合在一起，盘古就手撑天，脚蹬地，他每天长高一丈，天地也每天离开一丈，天地被他撑开了九万里，他也长成了一个高九万里的巨人。盘古开天辟地后，本来混沌不清的乾坤就分明了。

002

qì jù sān cái rì shēng wù zhǎng
气聚三才，日升物长，
wǔ xíng wàn wù liù hé sān guāng
五行万物，六合三光。

【注释】 聚：汇集到一起。
长：生出。

有一种传说是，在乾坤初分后，混沌不清的形势被改变了。然而，各种形都是由气构成的，轻清的气，向上飘浮而成为天；重浊的气，向下凝沉而成为地；虚灵的气，在中间凝结为人。这由气凝聚而成的天、地、人一起被称为“三皇”，也被称为“三才”。

还有一种传说，由于时间很快流逝，支撑天地的盘古渐渐变老，快要耗尽心血了。这时盘古想：光有天地不行，还应在天地间造出日月山川、人类及万物。但他太累了，再不能亲手造这些了。于是，盘古把自己的身躯变成了四面高山支撑着天，左眼变成了太阳，右眼变成了月亮。而他嘴里呼出来的气变成了春风、云雾，声音变成了雷电，血液变成了滚滚江河，汗水变成了雨和露，汗毛变成了花草树木，他的精灵变成了动物。从此，太阳上升起来，万物也旺盛地成长起来，天地间有了世界。

五行是指金、木、水、火、土五种事物。传说这五种事物相生相克而生出万物。六合是指东、南、西、北和上、下。三光是指日、月和星辰。

003

wú zhōng shēng yǒu zài tǐ dà fāng

无中生有，载体大方，

tiān zhāng shǐ chéng xīn xīn wèi yāng

天章始成，新新未央。

【注释】

载：开始；陈设。　体：存在状态；形成，生长。
大方：规则。　天章：日月星辰，天体。
央：终止，完结。

《老子》第四十章有“天下万物生于有，有生于无”之论。老子认为天下万物都生于具体事物，而具体事物都是由无产生的。这个“无”就是“道”，是宇宙万物的本原。现在，物理学家们也发现，我们这个宇宙就是由大约140亿年前的宇宙大爆炸从无中产生的，这与老子的学说非常相似。万物从无开始一产生出来，无论形态及大小有多么不同，就都各有各的位置，各自遵从各自的规则，即万物都有自己特定的生存规律和运行轨迹，毫无混乱现象。天上的日月星辰出现后便开始生生不息地运转起来，地球上春夏秋冬周而复始、永不停息地变化。正如唐朝文臣孔颖达所说：“天之为道，生生相续，新新不停。”表明自宇宙形成以来，万事万物都处于变化之中，变化是永恒的。天地变化就是一个不断创造的过程，天地因创造带来新的变化而延续、而美丽。

004

yín hé nèi wài，xīng yào lí máng，
银河内外，星曜离茫，
tài yáng yī xì，bā xīng yī bàng。
太阳一系，八星依傍。

注释 曜：日、月、星的统称，日、月和水、金、火、木、土五星合称“七曜”。

夜晚仰望群星闪烁的天空，我们会想象：这望不到边的宇宙是什么？它是如何产生的？其实，从古代到今天，人类一直都在探索这个问题的答案。

今天，大多数科学家认为，宇宙是在大约140亿年前一个原始的温度极高、密度极大的小小“火球”发生的一次大爆炸中产生的，随着爆炸后温度的降低，在最初3分钟内产生了现在物质世界的各种粒子：光子、电子、中微子、质子、中子等，约在10亿年时产生了无数个星系，并且宇宙形成后一直在不断地膨胀。银河系就是宇宙无数星系中的一个。

银河系是由一千多亿颗恒星组成的外形如铁饼的恒星团，它的半径约为4万光年（1光年是光一年走的路程）。太阳是银河系内千亿颗恒星之一，距银河系中心约2.6万光年。夜晚我们仰望茫茫天空，无数颗星星闪烁着光芒。而我们看见的银河，就是我们站在地球上，沿银河系直径向银河系边缘方向所看到的无数闪亮的恒星重叠而成的。

太阳系由八个围绕太阳运行的大行星组成，距太阳由近及远分别是水星、金星、地球、火星、木星、土星、天王星、海王星。火星和木星之间还有一大批小行星。太阳和围绕它转动的这些大小行星、卫星和彗星组成了一个非常和谐、美妙的天体系统，这就是太阳系。太阳的质量占太阳系总质量的99%以上。

浩瀚的宇宙给予人类无尽的遐想，至今人类所知道的还微乎其微，而人类也将不断探索下去。

005

dì qiú jiāo lì bì cǎi zhōu yáng

地球娇丽，碧彩洲洋，

shēng wù yào sù shuǐ qì yáng guāng

生物要素，水气阳光。

【注释】娇丽：可爱而美丽。 碧：青绿色的玉或美石。
洲：一块大陆和岛屿的总称。 洋：比海更大的水域。
要素：必要因素。

地球表面大约十分之七被海洋水体覆盖着，而陆地只占地球表面的十分之三左右。地球上环绕在陆地周围的广大水面叫做海洋。“海”和“洋”是两个不完全相同的概念，“海”是“洋”的一部分，它分布在大洋的边缘，和陆地紧紧相连，面积和深度比大洋要小、浅得多。地球上的大洋是相互通连的，分为太平洋、大西洋、印度洋和北冰洋四个大洋。其中太平洋的面积最大，比地球上陆地面积的总和还要大。亚欧大陆虽然是一整块的陆地，却又分为亚洲和欧洲两个大洲。这样，世界上的大陆有六块，大洲却有七个，即亚洲、欧洲、北美洲、南美洲、大洋洲、南极洲、非洲。

因地球表面大部分被水覆盖着，并包裹着一层大气，因此在太空看阳光照射下的地球是个蓝色的球体。同时，由于地球上空时常飘浮着白色的云朵，而陆地表面有绿色的植被，这给蓝色的地球点缀了绿色和流动状的白色，使地球显得更加晶莹剔透，异常美丽。

太阳给地球提供温暖的阳光，地球表面有一层大气，江河湖海中有水。这样的阳光、大气和水成为生物产生和生长的重要条件。因此，在地球上才有动物、植物及微生物等生命体存在。

006

rì yuè yíng zè chén xiù liè zhāng
日月盈昃，辰宿列张，
hán lái shǔ wǎng qiū shōu dōng cáng
寒来暑往，秋收冬藏。

【注释】 盈：满，指月圆。　昃：太阳西斜。　辰宿：星辰和星座。
列张：出现，布满。

在地球上，我们看到太阳从东边升起来，在西边落下去，月亮圆了又缺，星辰布满天空。日月光华，旦复旦夕。一年之中，春夏秋冬四季循环，每年都有寒冬的降临和暑夏的结束。万物生于春，长于夏，秋天收获，冬天储藏。我们感受时空变化，这是地球围绕太阳公转和自转形成的自然现象，太阳又在银河系中运行，银河系在宇宙中运行，整个宇宙天体演变不停。人类只是宇宙中一颗星球上的一员，随着整个宇宙的不停运行而感受周而复始的变化。

昼夜变化是由地球自转引起的，地球自转一周就是一天。四季变化是地球围绕太阳公转引起的，由于地球自转轴与围绕太阳公转的轨道面不垂直（与公转轨道面法线有23°26′的倾角），便产生一年四季的变化。地球围绕太阳转一周就是一年。

007

rùn yú chéng suì, lǜ lǚ tiáo yáng,
闰余成岁，律吕调阳，
yún téng zhì yǔ, qì níng wéi shuāng
云腾致雨，汽凝为霜。

注释

闰馀：农历纪年的时间与地球实际公转一周的时间的差值叫闰馀，馀同“余”。

凝：凝华。

日历上一年的十二个月再加上闰馀，才是真正完整的一年时间。中国古人认为自然界中各种对立又相连的现象，如天地、日月、昼夜、寒暑、男女、上下等，都可以被概括为“阴”和“阳”两个对立的方面，并以阴阳变化反映现实的物质世界，即物质世界的运动是“阴阳”的。所以，在气候变化上如果阴阳之气调和了，阳气上升为云雨，阴气凝结成露霜，这样天时便具备了。传说古人用六律六吕来测量天气的变化。律吕始用于黄帝时期，黄帝命大臣将竹子截成筒，代表阴阳各六个。六个阳管为律，六个阴管为吕。这样人们可用律吕来调和阴阳之气，春夏得阳气，秋冬得阴气。

自然界中，云气在上升的过程中逐渐遇冷形成雨滴，夜间空气中的水汽遇冷就凝结成露水，所以夏天和秋天的早晨会看到草叶上有露水（水珠）。而到了深秋时节，水汽遇到更冷的天气便凝华成霜，所以深秋的早晨会看到地面或植物叶子上有白霜。这些都是自然界的普遍现象。

008

jīn shēng lì shuǐ, yù chū kūn gāng,
金生丽水，玉出昆冈，
yuán hé xì bāo, shǐ zì míng yáng
原核细胞，始自溟洋。

【注释】 丽水：丽江，即金沙江。
昆冈：昆仑山。 溟：海。

天时具备，地利兴起，地上便形成了俊美山川，生长出灵秀万物。传说黄金产于金沙江，美玉产于昆仑山。

生命的产生是个奇迹，也是个谜，至今人们都在探索生命是如何产生的。让那些无生命的原子、分子自己组成生命，有人认为这是不可能的事。但我们必须承认，无论可能或不可能，现在我们就在这里，我们自己就是一个活生生的生命体。目前，科学家们普遍认为水、空气和阳光是地球上产生生命的三个要素。最早的生物体是只有单细胞的“原核生物”，是在30多亿年前的原始海洋中孕育形成的。之后，它们又不可思议地组合成了像细菌的线粒体，线粒体支配着氧，食物营养被线粒体吃掉然后释放出食物中的能量，这种线粒体入侵到细胞中，使细胞发生了改变，出现了带核的细胞，由此产生了复杂生命的细胞——真核细胞。单细胞的真核细胞就是“原生生物”，它比原核生物大得多，能够多带1 000倍的DNA。据说从原核生物到原生生物就花去了20亿年左右的时间。从原生生物开始，又进行了不可思议的结合，形成复杂的多细胞生物，最后发展成了两种生物——排斥氧的生物（如植物）和接受氧的生物（如人等动物）。

009

hǎi xián hé dàn　lín qián yǔ xiáng
海咸河淡，鳞潜羽翔，
wù zhǒng lěi lěi　shàn lín tóng xiāng
物种累累，善邻同乡。

【注释】潜：进入水里。 翔：飞。 累累：很多。

海纳百川，大地与海相依，海水是咸的，河水是淡的。长有鳞片的鱼在海里自由自在地游着，长有羽毛的鸟在天空中快乐地飞翔。我们的地球资源种类繁多，生物丰富多彩。但相对于快速增长、越来越多的人类而言，地球资源总数在不断减少，尤其是生物种类减少得更快，这种情况已经威胁到人类自身的发展。所以，我们人类与地球上的其他物种共同拥有一个地球家园，大家应该是和善的邻居，是同乡，应该相互关爱，友好、和谐共处。

地球上共有13亿立方千米的水，有97%的水在海里，太平洋占了较大部分。淡水只有3%，但其中大部分存在于冰川里，只有约0.3%的水存在于江河湖泊中，这部分存于江河湖泊中的淡水是目前可以提供给人类的淡水资源，还有更小一部分存在于云团空气中。而地球上约有90%的冰在南极洲，有3 000米厚。据说，如果南极的冰全部融化，海平面将升高60多米。

010

sān shí yì nián，shēng mìng mián cháng，
三十亿年，生命绵长，

gǔ wǎng jīn lái，lì jìn cāng sāng。
古往今来，历尽沧桑。

注释

沧桑：沧海桑田的简称，沧海指大海，桑田指农田。沧海桑田，指世事变化巨大。

30多亿年前在原始海洋中产生的原核生物，经过漫长的岁月，逐渐进化成今天的微生物、植物和动物，这期间经历了一次又一次奇迹般的重大突破。在6 000万到3 000万年前，进化产生了最早的类人猿。在600万到300万年前，进化产生了最早的原始人类。目前发现最早使用石器工具并能完全直立行走的人，是在东非250万到170万年前的能人。直到25万到4万年前，人类才进化到现代人（智人）。

人类经过不断演变，走到现代科技发达、分工明确的人类社会。但人类在大自然的选择中存在很多先天不足，最后才凭借发育出的特有大脑侥幸生存下来。人类的肉体在自然面前存在诸多尴尬，人的视觉不如鹰、猫锐利，也不能夜视，嗅觉不如狗、狼等，也不会飞翔，其奔跑能力只能与爬行动物为伍。如此低劣的体能，可以想象得出面对自然界弱肉强食的残酷竞争，人类的发展将是多么艰难！所以著名哲学家尼采说人是“大自然的弃儿”。然而，作为“弃儿”的人却有幸生存下来了，并越来越依赖科学技术而生存。

生命从几十亿年前到今天的演变，沧海变桑田，万物历尽沧桑。

011

tiān dào rén xìng　xué sī bù wǎng
天道人性，学思不罔，
pǐn wù liú xíng　ruì zhé chāo cháng
品物流形，睿哲超常。

【注释】天道：天地自然的规律。 罔：迷惑，糊涂而无所得。
品物：产生万物。 流形：赋予形态。 睿哲：睿智，通达事理。

人类利用自己发达的大脑，制造工具以弥补体能的不足，最终有幸生存下来，并逐渐成为地球的主宰者。今天的我们，应该珍惜自己特有的智力，感悟天地自然规律，精通人性，勤于学习和思考，使自己更加明智，并珍惜培育人类产生智力的自然。善用智力，善待自然。

天地万物在生生相续、新新不停的变化中产生出来，并被赋予各种形态。物集山川之精英，汇乾坤之瑞气，可以成为至宝奇珍。人类作为万物之灵而异于其他动物，在于人有思想、有智慧。思想使人从动物进化中脱颖而出。在人类文明产生以后，涌现出一大批出类拔萃的有思想、有智慧、集大成的哲人学者，他们的思想极大地推动和指导着人类文明的进步与发展，在人类科学、艺术、人文领域传播真、善、美。这些圣贤如颗颗巨星垂布天宇，烁烁闪亮，为人类自身发展启明导航。

012

zòng lùn qiān gǔ, héng cǎi bā huāng,
纵论千古，横采八荒，
sì zì jīng wén, qǐ xián zhì shàng
四字经文，启贤至上。

注释

采：选取，收集。　八荒：天下。
启：引导。　贤：有才能、有德行的学者。

精英人才，应该是饱学者和勇于实践者，既满腹经纶又可实操事业，既可指点江山又可激扬文字，并时时把握时代脉搏，感悟前沿领域中大师级人物的思想和行为，汇聚古今中外贤明者的智慧为我所用，在自我成长中化智慧为指导思想，培育出领袖型和创造型思维、气质和开拓能力，为天地人和谐出一分力。

《汉语·四字经》是一套贯通古今中西、文理科哲，培育精英思想的通识性经典，引论天人之道，上追人类与自然的千古历程，横括中外天下大事，汇聚大家人物思想与智慧，展示科技发明和创造的机缘、实践与成就。学习《汉语·四字经》可领悟圣贤思想，与圣人为伍，激发思辨和创造性思维，培养和提升科学、艺术与人文底蕴，厚实文学功底，使自己成为真正的通才硕学。

科学人文

301

máng máng xīng kōng shēn suì wú qióng

茫茫星空，深邃无穷，

qiú suǒ zhuī suí jìng wèi dùn shēng

求索追随，敬畏顿生。

【注释】深邃：深的，幽深。　求索：寻求，探索。
敬畏：发自内心的敬重和畏惧。

无论是和风的夏夜，还是雪霁的冬晚，每当我们仰望深邃无尽的天空，数亮晶晶的星星，看银河长流，此时，我们会产生无限的遐想，思绪总想要追透那黑蓝的天幕，追逐流星，看星系如何垂天宇，问星星是怎么产生的，为什么会眨眼睛？追问为什么日月星辰可以那样和谐地运转，又恪守亘古不变的规律？它有诞生起始吗？会寿命终极吗？当空浩宇，有着无尽诱人的秘密。

德国哲学家黑格尔说："一个民族只有有那些关注天空的人，这个民族才有希望。如果一个民族只是关心眼下脚下的事情，这个民族是没有未来的。"星空博大而明慧，因为我们所在的地球就是星空大家庭中的一员，人类自身的文化与星空密切相关。古代远游的部落，航海的民族，无论他们漂到多么遥远陌生的地方，头上总有熟悉的星空导航，因而知道自己身在何方。从事农耕的先民，也会在星空中读到四季轮回的天书，预测收成年景。草木枯荣、生灵降世，应对着季节时辰和星座方位。而在那看似静谧的星空中，当代科学家们不断地窥视到宇宙激情澎湃的内幕，却发现被揭示的秘密后面还有更多的秘密，宇宙在不断变化中创造亘古的永恒，蕴含无穷无尽的真理。因此，仰望星空，会使我们的胸怀宽阔，思绪激荡，敬畏与求索之情油然升起。

302

xīng xì hóng yí，yǔ zhòu péng zhàng，
星系红移，宇宙膨胀，
hā bó guān cè，bào zhà dé zhèng。
哈勃观测，爆炸得证。

注释

红移：光因不同的波长有不同颜色，红色波长比紫色波长长，当物体快速远离我们时，会使波长拉长，出现光色向红的方向移动的现象。

1927 年，比利时天主教牧师勒梅特经过计算并结合他人的观测，提出了宇宙是从一个“初级原子爆炸”而来的假说，开启了宇宙大爆炸学说。后来，科学家们经过观测，认为现在的宇宙是约 140 亿年前发生的“创世大爆炸”开始形成的。大爆炸理论认为宇宙最初是由一个体积非常非常小，能量、质量和密度非常非常大的“粒子”突然爆炸，之后扩展开来，并向四处喷发出放射线，后来凝固出无数微粒，再经过约 140 亿年的发展变化而成了现在这个样子。

1929 年，美国天文学家哈勃根据发现的星系光谱中的红移现象，证明所有星云都在彼此互相远离，而且离得越远，离去的速度越快，他由此得出结论：整个宇宙在不断膨胀，星系彼此之间的分离运动也是膨胀的一部分，而不是由于任何斥力的作用。星系间正互相远离，这个发现给予宇宙膨胀理论以极大的支持。

现在，科学家通过哈勃太空望远镜发现，我们的宇宙不仅是在膨胀，而且是在“加速地”膨胀，从膨胀的加速度推算出是由于一种负压力，也就是因有暗能量的存在，宇宙才膨胀的。科学家从天文观察中得知，在整个宇宙中，我们已知物质的能量仅仅占宇宙总能量的 5%，另外有 25% 是暗物质的能量，其他 70% 是暗能量。科学家们设想，因为暗能量，我们的宇宙之外可能还有很多宇宙。

303

hé sù huà xué，shēng wù zhì néng，
核素化学，生物智能，

màn màn cháng lù，sì dà jìn chéng。
漫漫长路，四大进程。

注释 核素：是指具有一定数目质子和一定数目中子的一种原子。

据说我们的宇宙至少经历了四次伟大的进化：核素进化、化学进化、生物进化和智能进化。核素进化是由最基本的粒子，如质子、中子等产生近百种元素的原子时期。大爆炸理论认为，约 140 亿年前发生爆炸后的前十万分之一秒时，最微小的粒子夸克开始结合成质子、中子和其他重粒子。之后到爆炸后约 3 分钟，宇宙的温度降到与氢弹爆炸温度差不多时，质子和中子开始结合成原子核，这就是核素进化时期。之后，开始化学进化，即由原子形成小分子、大分子，再聚合成生命大分子。期间，大约在 66 亿年前，银河系内发生过一次大爆炸，其碎片和散漫物质经过长时间的凝集，大约在 45 亿年前形成了太阳系，地球也同时诞生了。此时，在宇宙空间中广泛存在化学演化的产物。在星际演化中，某些生物单分子，如氨基酸等可能形成于星际尘埃或凝聚的星云中，大约在 35 亿年前，在一定条件下地球原始地壳表面产生了核苷酸等生物高分子，诞生了最原始的单细胞结构生命——原核生物，至此最初的化学进化基本结束，开始了生物进化过程。到 700 万年前，人类从古猿分化出来，开始智能进化过程，直到今天的我们，人的一生近似浓缩了宇宙进化中的后三个阶段。

304

lán sè dì qiú hé hàn yī xīng
蓝色地球，河汉一星，
cāng máng hào yǔ wú yuán qīn péng
苍茫浩宇，无缘亲朋。

注释
河汉：银河。
苍茫：辽阔无边。

从太空看，阳光照射的地球是一个在深邃的天幕上发出蓝色光辉的透亮球体，漂浮的白云为其增加了一抹抹的白色，几块陆地为其点缀上片片绿色，使地球晶莹碧透。但这个球体只不过是茫茫宇宙中一颗普通的星球，无论是个头还是体重以及年龄在宇宙中都是微不足道的，在茫茫广宇中只是沧海一粟、恒河一沙。在夜晚，我们看见的那些自己能够发光的星球叫恒星，如太阳这样的恒星在银河系就有二千五百亿颗之多，而宇宙中已知的星系有一千多亿个。据天文学家估算，在银河系内，地球距离可能有智慧生命的星球至少有 4 600 光年（光走 4 600 年的距离）。如果现在发送寻亲电波，一个来回就要 9 200 光年。可见，虽然宇宙中星球无数，但相对于我们人类的运行能力来看，地球几乎是唯一有生命的星球。人类据守地球，孑然而居，面向苍茫浩宇，举目无亲，最近的朋友就是地球上的其他生命体。所以，当人类认为自己法力无边，肆意虐待我们共同居住的地球上的生命时，被虐待的生命却是人类自己最近的亲朋。当人类肆意毁坏地球上的生态环境时，遭毁坏的却是人类自己唯一的家园。

305

cōng míng zhī yuán，bō dòng pín réng，
聪明之源，波动频仍，
xìn xī wèi míng，rén lèi gū líng。
信息未明，人类孤零。

注释 频仍：连续不断，频繁发生。

我们仰望星空，思考人类是不是独一无二的时候，在漆黑的宇宙中的某个地方，是否存在着别的像我们一样正在思索的生物呢？这些生物长什么样？由什么构成？是否也吃饭喝水？如何交流？“他们”的社会又是什么样？如果有这样的生物存在，“他们”就是我们所说的外星人。其实，科学家们早在1956年就开始搜寻外星人的信号了。他们认为光速是传播最快的，而无线电能够以光速发送，所以宇宙通信只能依靠无线电。科学家们甚至计算出宇宙中大约有100万个外星文明社会，这听起来真是个大数字。试想在宇宙中有如此多五花八门的“人”生活的五花八门的星球，千姿百态，真是令人兴奋。然而，遗憾的是即使这些有“人”的星星都在银河系，平均也要20万颗恒星中才有一颗恒星的周围有一个“文明社会”，就目前我们的能力而言，只能望洋兴叹。有时科学家似乎捕捉到宇宙中不明身份的电波，然而面对毫不知何意的电波，科学家们仍然束手无策，无法判断哪个信息来自文明社会。科学家们在1972年发射的“先驱者10号”和1973年的“先驱者11号”上各放了一张画着太阳系和一对地球人的“地球名片”。在1977年发射的“旅行者”号探测器上，放了一张“地球之声”镀金声像片和一枚金刚石唱针。但愿有朝一日，外星人能够得到这些来自地球的信息与问候，来到我们的地球友好访问。那时我们将如何接待“他们”呢？

306

wú zhōng shēng yǒu wù yǒu fǎn zhèng
无中生有，物有反正，
shì wéi zhèng zhě fǎn wǒ xū líng
是为正者，反我虚凌。

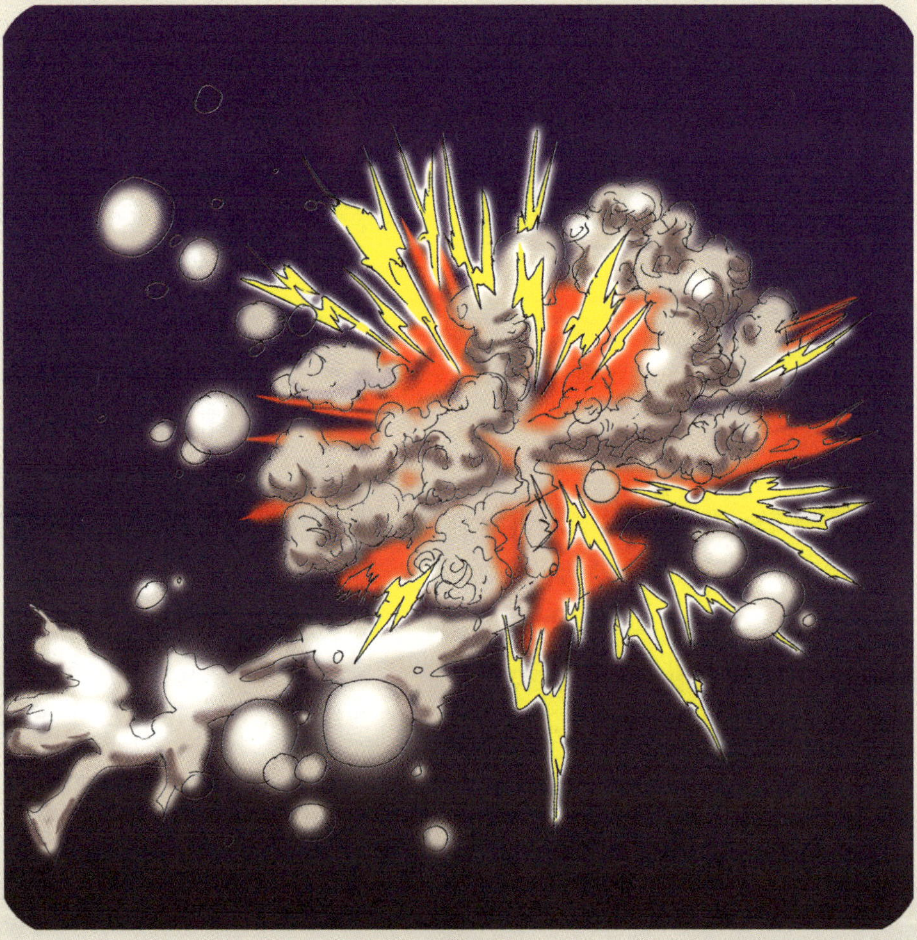

【注释】虚凌：虚无地腾越天空之意。

我们日常所看见的一切物质都是由电子、质子与中子等基本粒子构成的，并且电子都带负电荷，质子都带正电荷，这就是我们的物质世界。然而科学家们认为，等量的正负合在一起就是无，我们的物质世界是由无中爆炸产生的，那么在大爆炸的一瞬间，会产生数量相同的反物质。这些反物质还有可能已结合成反恒星、反星系，甚至是反生命。如此推断，还应该有一个可能与我们完全一样的由反物质构成的“世界”存在于反宇宙中。试想，如果真有两个“我”存在，这是多么奇妙的事！

20 世纪 60 年代，基本粒子中的反粒子差不多全被科学家找到了。1997 年，美国五个著名研究机构的天文学家宣布，在银河系上方约 3 500 光年处发现了一个不断喷射反物质的反物质源。2009 年 6 月，《新科学家》杂志报道，在距离地球约 1 亿光年处又发现了一颗不断“产生”大量反物质的新星。

反物质是人类目前所知的威力最大的能量源，它与正物质湮灭可以百分之百释放能量，而且不会造成污染。据说一小滴反物质就可以供应整个纽约城全天的动能，而与此相比，今天的核能就像划燃一根火柴一样微不足道。但是，一个严峻的问题也摆在人们面前，这种反物质如被用于制造武器，将比核武器更可怕。

307

shí kōng wān qū, guāng xún jié jìng,
时空弯曲，光循捷径，
shì yīn yǒu jiè, sī xiǎng wú xíng
视音有界，思想无形。

【注释】时空：时间和空间的合称，也称为宇宙。

根据广义相对论，我们存在于空间和时间一起被称为“时空”的四维空间里，这个空间不是平滑的，它被时空中的物质和能量所挤压变形或“弯曲”。时空发生弯曲后，光线也会随之弯曲。

只要有物体反射光线并传播到我们的眼睛里，我们就能看见这个物体，无论这个物体在什么地方。科学家认为人类所能看到的范围是有限的，被称为“视界”，因为宇宙产生后才开始有第一束光出现、传播，那么视界的半径就是宇宙的年龄与光速的乘积，约为140多亿光年。无论如何，这个范围对于我们人类的观测是个不可逾越的限制。而对于声音来说，音速比光速小得多，并且声音会在传播过程中与其他声波相互影响而失真或衰减。如同我们在静静的湖面抛下一颗石子，引起的波纹传到远处就会慢慢消失一样。所以，一种声音不会长期传播下去，它的传播范围更是有限的。我们的视力范围和声音范围都是有限的，那么对于人类来说，是否有某种不受限制的能力呢？有，它就是我们的思想意识。思想是我们的一种特殊能力，它可以瞬间到达任何你想到达的地方，这就是想象能力。思想是真正的自由者，任何其他人和力量都无法控制你的思想。所以，爱因斯坦说：“想象力比知识更重要，因为它概括世界上的一切。”利用好这个完全属于自己的特殊功能，是一个人最大的能力所在，在这方面做得最好的是思想家、科学家、艺术家等人物。所以，我们应该珍惜思想意识，不能把思想意识荒芜了。

308

hēi dòng bái dòng, héng xīng yǔn tíng,
黑洞白洞，恒星殒停，
xīng jì áo yóu, chóng dòng cún mèng
星际遨游，虫洞存梦。

注释

殒：死。

遨游：游历，漫游。

我们能看见物体是因为有光线从物体反射到我们眼睛里的缘故。如果物体将光线全部吸收，这个物体就变成黑色的了。另外，为什么我们向天空扔一个石头，它会落下来，而不会像宇宙火箭一样飞到太空？这是因为我们扔石头的速度没有同宇宙火箭一样超过11.2千米/秒的地球逃逸速度。星球的密度越大逃逸速度越大。如果有一天恒星的燃料被用完，内部不再有爆炸力继续向外推，这个恒星就会收缩，科学家称这种现象为“塌陷”。白矮星和中子星都是恒星塌陷到不同程度而形成的。如果像太阳这样大的恒星塌陷到半径小于10英里时，密度就会非常大，那么它的逃逸速度就会大得超过光速（3×10^5千米/秒），光就不能从这个“星”中逃出来，这个“星”就变成黑的，这就是“黑洞”。因为科学家认为光速最大，光若逃不出来，那么其他所有东西遇到黑洞都会被吸进去。科学家设想，若存在黑洞，就应该存在相反的可把任何东西都抛出来的“白洞”。那么也许存在连接黑洞和白洞的“虫洞”，这样物体可通过虫洞从黑洞进去从白洞出来。因此，有的科学家设想人类乘飞船需要千万年到达的路程，通过虫洞瞬间就可到达，这样人们就可在不同星际或不同世界间旅行了。但是，可能任何东西进入黑洞都会被压碎成基本粒子，这样人进去后再出来就不知会变成什么了。

309

shì jiān wàn wù, yǔ zhòu xī yǐng,
世间万物，宇宙息影，
wēi guān bù wēi, hóng guān bù hóng
微观不微，宏观不宏。

注释 息影：包含相同或相近信息的映像。

克隆，就是用动物（或生物体）的一个细胞复制出一个与这个动物几乎一样的“孩子”。这是因为，任何一个细胞都包含着整个动物（生物体）的全部信息，所以每个细胞都能够复制出一个完整的个体来。细胞如此之小，却是一个完整的个体。虽然一般细胞小到我们的肉眼看不见，但是它的结构却与一枚鸡蛋非常相似，鸡蛋具有一个完整的结构，微小的细胞也有自己完整的结构。再小如构成细胞的各类原子的结构，也如同细胞一样，原子核如同细胞核，电子云雾如同细胞质，仍然具有相似的结构。而比鸡蛋大的太阳系却与一个原子的结构又几乎一样，太阳是核，众多卫星如电子般绕核运行。拥有千亿个不同恒星系（如太阳系）的银河系，也是如电子绕原子核一样地旋转。原子、细胞、太阳系、银河系等的大和小都是相对的，我们看太阳系已经大得难以想象，而太阳系在宇宙中却不及我们房间里悬浮的一粒灰尘；我们看自己生命百年，而在宇宙中却不及瞬间。所以，宇宙之大，无所谓大，“天”外可能还有更大的“宇宙”；原子之小，无所谓小，相对于基本粒子，原子就是个大宇宙。当我们仰望星空探问万物大小时，只能承认微观并不微小，宏观也不宏大。一粒沙子也是一个宇宙，再大的宇宙也装不下人的思想。万物都包含着宇宙的信息，哪怕是一粒灰尘也是宇宙的一个缩影，已知的一切都是对未知的启迪。

310

xì bāo xué shuō　néng liàng shǒu héng
细胞学说，能量守恒，
shēng wù jìn huà　shí jiǔ shì chéng
生物进化，十九世呈。

【注释】守恒：永远不变。
呈：显露出。

能量守恒和转化定律、细胞学说、进化论合称19世纪自然科学的三大发现。

1665年英国物理学家胡克首次发现植物细胞；1831年英国植物学家布朗首次发现了细胞核；1838年德国植物学教授马提阿斯·施莱登发表《植物发生论》，宣布“所有的植物都是由细胞组成的”；1839年德国解剖学教授泰奥多尔·施旺提出“所有的动物也是由细胞组成的”；1858年德国病理学家菲尔肖提出“所有的细胞都由已存在的活细胞产生”。至此，形成了完备的细胞学说。

能量守恒和转化定律：能量既不会凭空产生，也不会凭空消失，它只能从一种形式转化为其他形式，或者从一个物体转移到另一个物体，在转化或转移的过程中，能量的总量不变。19世纪50年代，一个叫迈尔的医生对冷热不同地区人静脉血的颜色变化进行研究，写下了《论无机界的力》，提出热可以转化为功，但被认为是个“疯子”，后精神失常。和迈尔同时期的英国人焦耳认为“自然界的力（能）是不能毁灭的，哪里消耗了机械力（能），总得到相当的热”。

1859年，英国的达尔文出版了《物种起源》，认为物种并不是永久不变的，在地球漫长的历史中，同一物种在不同地区生存会产生不同的特征，甚至演变成不同的种类。所有的生物可能都是从极少数，甚至是由一个共同的祖先演化而来的。在进化过程中，适应自然环境者生存下来。

311

xiāng duì lǐ lùn, liàng zǐ dàn shēng,
相对理论，量子诞生，
èr shí shì jì, wù lǐ xiān fēng.
二十世纪，物理先锋。

注释 相对：指一种物质或一个整体和另一种物质或另一个整体相互比较。

1900年秋，普朗克试着将光的波和粒两派导出的黑体辐射公式以插值形式组合在一起，之后他将能量分成份，并命名每一份为一个量子，量子论由此诞生。在此基础上，一批科学家推动并建立了量子力学，解决了微观亚原子条件下的问题。1905年，爱因斯坦受普朗克能量量子论启发，提出光也不是连续的，而是由一份份的光量子（光子）构成，光就是以光速 c 运动着的光量子流。这完整地解释了1887年赫兹发现的“光电效应”，进一步奠定了量子论观点，获得了1921年诺贝尔物理学奖。另外，爱因斯坦以光速不变的设想，推导出坐标和速度变换式、质能转换方程式（$E=mc^2$）等，提出运动物体具有“钟慢和尺缩”效应，这一理论即是狭义相对论。1915年爱因斯坦又提出广义相对论，认为物质的存在会使空间和时间发生弯曲，引力场就是一个弯曲的时空。这就如同时空本是一块平滑的布，当一个铅球体放在布上时，布会出现一个凹陷的坑，这就是时空弯曲，而光线从凹陷附近经过时就要在弯曲的布面（时空）上寻找一个最短的路线，这样光线也有所弯曲了。相对论阐述了宏观高速运动问题，改变了从牛顿以来形成的时空概念，提出时间与空间具有统一性和相对性，建立了新的时空观。

相对论和量子论带给人类前所未有的冲击和震动，彻底改变了整个物理世界的基本架构，使物理学涅槃重生。今天我们的现代文明，从电脑到核能利用，从医学到生物技术，几乎所有领域都依赖于以量子论为基础的新技术发明。

312

gù yè qì tài　liù biàn wù xìng
固液气态，六变物性，
zhì biàn wù xīn　huà xué fǎn yìng
质变物新，化学反应。

注释

态：形状，样子。

反应：引起的变化。

一般环境下物质有固态、液态、气态三种状态。在物理学中，我们把物质的状态称为物态。物质从一种状态变化到另一种状态的过程，叫做物态变化。由于物态有三种，它们两两之间可以相互转化，所以物态变化有六种：熔化、凝固、汽化、液化、升华、凝华。

物质发生变化的性质一般被分为两大类：一类是物理性质，如物质的三态六变。物质物理性质的转变，不产生新的物质，被称作物理变化。另一类是化学性质，即物质在化学反应中所表现出来的性质。化学反应是分子破裂成原子，原子重新排列组合生成新分子的过程，产生新的分子就是产生新的物质。所以，在化学变化的过程中会有新物质产生。

物理变化与化学反应是生活中经常见到的两种现象。在寒冷的冬天，河里的水结成了冰。而到了春天，冰又融化成水，这种变化没有产生新的物质，是物理变化。做饭时使用的天然气甲烷（CH_4），遇见空气中的氧气（O_2）而燃烧，生成了水（H_2O）和二氧化碳（CO_2）。在这个过程中，产生了新物质水和二氧化碳，这种变化就是化学反应。同一种物体既能发生物理变化也能发生化学反应。例如，木材在被制造成桌椅的过程中，只是在形状、大小方面发生了改变，这是个物理变化的过程。但是，如果把木材烧掉，木材中的碳元素与空气中的氧气发生了氧化反应，生成了二氧化碳等物质，这时木材发生的就是化学反应了。

313

wù dòng qū dòng　　wù jìng qū jìng
物动趋动，物静趋静，

wù bǎo suǒ chí　　yuán yú guàn xìng
物保所持，缘于惯性。

注释
趋：倾向。
缘于：由于。

惯性就是物体保持原来状态不变的性质，不论这种状态是静止还是运动（平动或转动），只有当这个物体遇到别的力时才会改变原来的状态。一切物体都具有惯性，质量越大惯性越大，但惯性与速度无关。惯性是物体的一种属性，而不是一种力，所以不能说“受到惯性”，只能说“由于惯性”或“具有惯性”。我们想要汽车停下时就要踩刹车，使车轮旋转遇到阻力，这样车就会慢慢停下来。如果汽车熄火，也没有刹车，假如在水平路面上的车轮和地面、车轴之间没有摩擦力，那么由于惯性作用，汽车就会以原来的速度一直向前行驶而永远不会停下，这是车具有惯性的结果。而当紧急刹车时，人会向前倾倒，这是由于人具有惯性的结果。

惯性不仅仅体现在有质量的实体物体上，在思想状态上也有惯性。比如一个人长时间每天主动做一件事，那么就会形成习惯，如果突然有一天没做，心里就会总想去做，这就是思想惯性。

314

wēi guān lì zǐ，bō lì liǎng xìng，
微观粒子，波粒两性，
dà qiān shì jiè，wēi lì gòu chéng。
大千世界，微粒构成。

【注释】

波粒两性：波粒二象性。

大千世界：原为佛教用语，世界的千倍是小千，小千的千倍是中千，中千的千倍是大千，大千世界为广阔无边的世界。

我们所在的宇宙中的一切物质被认为由三类基本粒子构成：第一类粒子是构成中子和质子的夸克，共有6种；第二类称为轻子，包括电子和一些类似的粒子；第三类称为玻色子或矢量介子，包括传递电磁力的光子。至今人们认为夸克和轻子是基本的类似质点的粒子。微观粒子具有粒子和波动双重属性。实物性物质和能量性物质都被统一于基本物质——能量子。

物质都是由粒子构成的，这些粒子是怎样聚在一起的呢？这要从粒子与强核力和电磁力的关系说起。强核力是由称为胶子的8个玻色子传递，一些夸克被强核力结合在一起，形成质子和中子及其他强子。质子带正电，中子不带电。结合质子和中子后剩余部分的强核力又将都带正电相互排斥的质子及不带电的中子结合在一起形成原子核。然后由光子传递的电磁力再把带正电的原子核和带负电的电子结合在一起，形成原子或离子（带电的原子）。

物质基本构成的五个层次：物质由分子、原子、离子组成；分子是由原子结合而成；原子由一个带正电的原子核和一些在原子核外带负电的电子组成，原本中性的原子若核外多了或少了电子就变成离子；原子核由带正电的质子和不带电的中子组成，原子核带正电；质子和中子是由夸克组成。

315

shēng guāng diàn cí, rè lì zhì néng,
声光电磁，热力质能，
jù hé liè biàn, hé néng fǎn yìng
聚合裂变，核能反应。

【注释】聚合：原子核发生聚合变化。
裂变：原子核发生分裂变化。

物体振动产生声音，声音在空气或其他物质中以波的形式传播，声波是一种能量的传递。英国物理学家麦克斯韦创立了电磁学说，证实了光是一种电磁波。爱因斯坦提出光子理论，认为光是一种叫做光子的基本微粒，具有波粒二象性。电磁波是能量的一种，凡是高于绝对零度的物体，都会释放出电磁波。电流会产生磁场，而变动的磁场也会产生电流，所以电与磁是一个不可分离的统一场，即电磁场。电磁场在空间传播形成了电磁波，又称电波。热是能量的一种，是分子等基本粒子运动的结果，一般情况下，分子从无序剧烈运动过渡到相对平稳有序状态时会释放热能。在原子层面，一般是电子从高能级向低能级跃迁，伴随产生光与热。力是指物体之间的相互作用，可使物体获得加速度和形变。从微观来看，力是一种个体之间的作用，而能主要体现群体之间的作用问题。质量是指物体所含有物质的量的多少，质量和能量可以相互转化。由此可见，声、光、电、磁、热、力、质量等都是能量的不同表现形式。

核裂变是指由重的原子分裂成较轻的原子并释放出能量的反应形式。“二战”时，美国应用核裂变制造出原子弹。现在，人类也将核裂变用于发电。核聚变是指质量小的原子在一定条件下（如超高温和高压）发生聚合生成质量重的原子核，并释放巨大能量的核反应。我们现在还很难进行受控核聚变。月球土壤里含有的 He－3 是核聚变的理想原料，可以满足人类上万年的能源需求。

316

sǎo miáo suì dào， wēi guān xiǎn xíng，
扫描隧道，微观显形，
nà mǐ kē jì， mó huàn qián jǐng
纳米科技，魔幻前景。

【注释】隧道：在山中或地下凿成的通道，此处形容微粒的波动衍射现象好像通过隧道穿过障碍物。

纳米的大小远远超出我们的视力范围，1 纳米是十亿分之一米，一个 1 纳米直径的小球里只可以盛放几个原子。在纳米这样的微观世界里所发生的事情与我们可见的宏观世界大不一样。比如，我们看得见的金属可以导电，但在金属被分割变小到纳米世界时，可能变成非导体，而原来的绝缘体也可能导电，有颜色的金属都变成了黑色。由于微观粒子具有波粒二象性，纳米世界里量子力学的古怪现象就成为主流，且不能用宏观规律来解释。比如我们是不能直接穿过面前的一道墙的，但是由于微粒的波动性，粒子穿“墙”却成为可能，这种现象称为“隧道效应”。

由于可见光的波长范围是 400 纳米到 770 纳米，而如果物体小于光波波长的 1/2，光线射到它们身上就会绕过去而不能成像。所以现在的光学显微镜最小只能观察到 200 纳米的东西。用强力线圈制成磁透镜的电子显微镜，最小能够观察到 0.2 纳米，接近原子大小，但非常笨拙。依据量子力学的隧道效应研制出的扫描隧道显微镜，可以观察到百分之几纳米的微观起伏。人们可以通过扫描隧道显微镜观察原子的排列，在可见状态下用电子的撞击使原子按照人的意愿进行有序的移动或移植，由此推动了纳米技术的发展。我们所见的物质都是由原子或离子组成的，如果将原子排列的方式或形状改变了，那么这个物质就会发生巨大的变化。这似乎是不可思议的事情。

317

wēi guān zào wù，xìng néng xián gēng，
微观造物，性能咸更，
yuán zǐ shàn biàn，jīn shí hù shēng。
原子嬗变，金石互生。

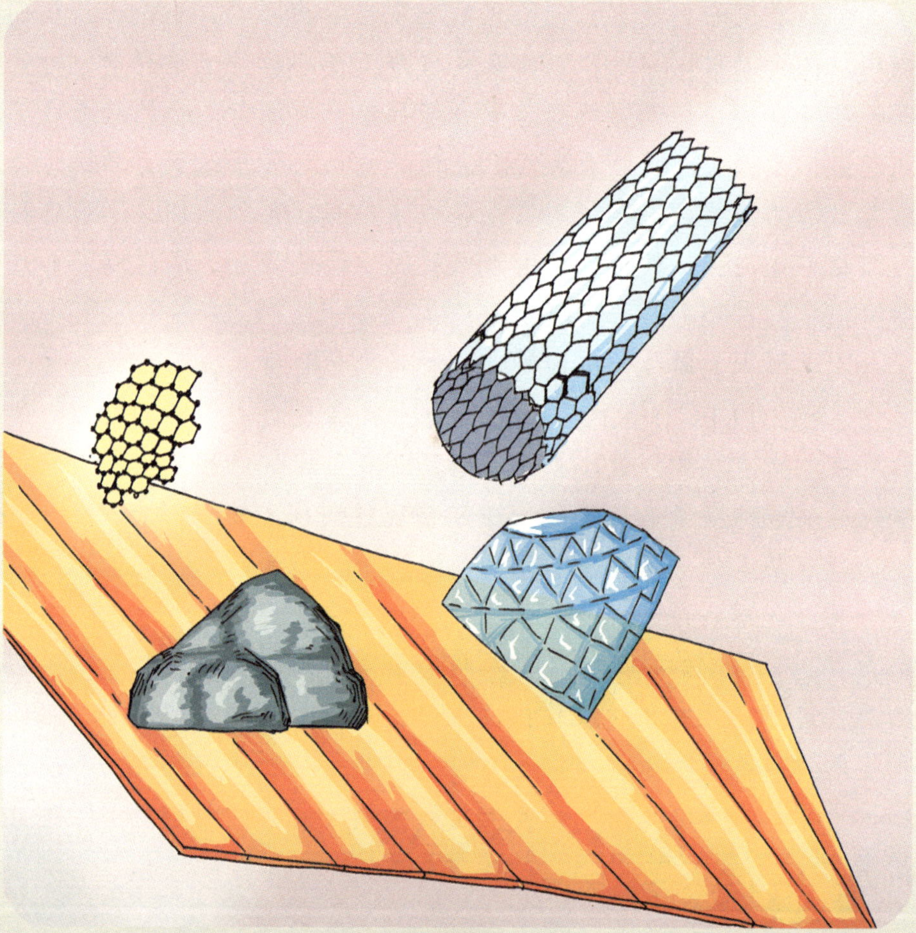

注释

咸：全部。

嬗变：演变。

我们使用的铅笔芯，主要成分是石墨，是由碳原子构成的原子层重叠而成。人们应用纳米技术将碳原子层卷成一个管，即巴基管，其强度是钢的100多倍，而密度却是钢的1/6。因此，科学家们设想用高强度的纳米绳索在地球和月球之间架一座电梯通行。美国人柯尔、斯莫利和英国人克罗托因发现碳元素的第三种存在形式碳60（富勒烯、巴基球）而获得1996年诺贝尔化学奖。碳60是由60个碳原子组成的碳分子，这个碳分子外表与足球非常相似，因此被称为巴基球，球的直径为0.7纳米。科学家们希望将巴基球作为容器用来盛放和运载原子与离子，进一步还可以制作纳米机器人，并设想由纳米机器人拆卸组装原子，来制造新的物质。这不仅可将我们面前的书变成面包，也可将石头变成金子，还可用来修复人体生病的器官等。2010年，英国科学家安德烈·海姆和康斯坦丁·诺沃肖洛夫在石墨中发现了石墨烯，获得诺贝尔物理学奖。石墨烯是目前世界上最薄和最强的材料，单片石墨烯仅有一个原子厚，约为0.335纳米。一个保鲜薄膜厚度的石墨烯，若想用针刺穿的话，需要在针上施加超过一头大象体重的力。石墨烯的导电性能类似金属铜，导热性能超过所有已知材料。这些都是碳原子不同排列的结果。可见，纳米世界的可操作性，将使我们的世界发生难以想象的变化。现在有些纳米材料已经开始应用于我们的生活中，比如纳米陶瓷、纳米纤维衣服等。

318

shòu jī fú shè, guāng zǐ jī zēng,
受激辐射，光子激增，
jī guāng jì shù, jù néng lì fēng
激光技术，聚能利锋。

【注释】辐射：从中心沿直线向各个方向传播的过程。

光是由物质的分子、原子、电子运动产生的，这些微粒受其他光的刺激而发出来，称为“受激发射”。光与物质的相互作用，实质上是组成物质的微观粒子吸收或辐射光子，同时改变自身运动状况的表现。1917年爱因斯坦从理论上指出：除自发辐射外，处于高能级E_2上的粒子还可以另一方式跃迁到较低能级。他指出当频率为$(E_2-E_1)/h$的光子入射时，也会引发粒子以一定的概率，迅速地从能级E_2跃迁到能级E_1，同时辐射一个与外来光子频率、相位、偏振态以及传播方向都相同的光子，这个过程称为受激辐射。可以设想成，微观的粒子都是临时站在不同的台阶上，但它们都愿意在低级的台阶，所以它们都是从低向高的台阶抢占位置。如果有一个光子从一个方向将一个在高台阶的粒子撞到低一级台阶，那么这个粒子将释放出一个与原光子相同，并且方向也相同的光子。如果有大量的粒子在高台阶上，那么就可能一个光子撞出几个光子，而这几个光子又会撞出更多光子，这样一束弱光就可以撞出方向、能量与这束光相同、但数量巨大的光。这种在受激辐射过程中产生并被放大的光就是激光。激光最初的中文名叫做“镭射”，是英文名称LASER的音译。1960年梅曼用红宝石制出第一束人造激光。激光已经成为20世纪以来继原子能、计算机、半导体之后，人类的又一重大发明，被称为“最快的刀”、“最准的尺”、“最亮的光”等。

319

jué duì sì dù　　diàn zǔ guī líng
绝对肆度，电阻归零，
chāo dǎo kàng cí　　cháng wēn zhuī mèng
超导抗磁，常温追梦。

注释 绝对：没有其他条件的。

我们使用电脑的时间长了，电脑会发热；如果家里的冰箱、微波炉、淋浴器等电器的电线不够粗的话，电线也会发热，严重时还会引起火灾。这些都是因为电线或电子元件存在阻碍电流通过的电阻。如果有一种没有电阻的电线，使电流能轻松通过该多好。科学家将这种导体电阻为零的现象称为“超导”。

当温度降到绝对零度（－273.15℃）附近时，很多的导体都出现了超导现象。1911 年，卡末林·昂内斯意外地发现，将汞冷却到－268.98℃时，汞的电阻突然消失。后来他发现许多金属和合金都具有与汞相类似的低温超导特性。所以称温度 4K（开尔文）（－269.15℃）为临界转变温度。为此卡末林·昂内斯获得 1913 年诺贝尔物理学奖。至今，科学家们已经通过各种材料实验，将超导现象提高到 100K 左右，即－173.15℃左右。但这个温度与常温仍相差约 200℃。

超导体还具有“迈斯纳效应”，即超导体内部不能有任何磁场。如果外界有一个磁场要通过超导体内部，那么超导体必然会产生一个与之相反的磁场，保证自己内部磁场强度为零。这样就在外部与磁体之间形成了一个斥力。如在一个超导体正下方放置一个磁体，并使磁力线垂直通过超导体，超导体将获得垂直的上浮力。这多么像电影《阿凡达》中潘多拉星球上的悬浮山啊！

320

liú tǐ gù guāng, cái zhì yè jīng,
流体固光，材质液晶，
wēn chā sè yì, lì cǎi jìng píng
温差色异，丽彩镜屏。

注释 液晶：具有结晶性质的液体。

世界上多数物质材料呈固态、液态或气态，而有一种材料却同时具有固态和液态的性质，它可以流动，又具有结晶的光学性质，这就是现已获得广泛应用的液晶。现在我们看的平板电视和笔记本电脑的显示屏都属于液晶显示器（LCD），它们正朝着越来越轻、薄、短、小的方向发展。

1888 年，奥地利植物学家菲德烈·莱尼泽从植物中提炼出一种特殊的物质，在为这种物质做加热实验时，他意外发现这种物质具有两个不同温度的熔点。加热到 145℃时，它熔成带有光彩的混浊液体，继续加热到 175℃时，它再次熔化，变成清澈透明的液体。莱尼泽反复确定他的发现后，向德国物理学家雷曼请教，雷曼经分析把处于“中间地带”的色彩变换的液体叫做液晶。莱尼泽和雷曼后来被誉为“液晶之父”。

1968 年，美国 RCA 公司沙诺夫研发中心的工程师们发现光线射入液晶物质时，会按照液晶分子的排列方式行进，产生自然的偏转，而当液晶分子受到电压的影响时，其原本有序的排列状态会被打乱，导致光线偏转被改变，进而导致光线通过滤光板的程度被改变。即只要改变刺激液晶的电压值就可改变光线偏振方向，从而改变光线通过彩色滤光膜与滤光板的程度，产生亮度和色彩变化。依此原理，RCA 公司发明了世界上第一台用液晶显示的屏幕。

321

děng lí zǐ tǐ, wù tài xīn xíng,
等离子体，物态新型，
jí guāng màn wǔ, bān lán huī yìng
极光漫舞，斑斓辉映。

注释 斑斓：颜色灿烂丰富。
辉映：照耀，映射。

平时我们所看见的光辉夺目的雷电、炽蓝色的煤气火焰以及电视中色彩斑斓、变幻莫测的极光等是如何产生的呢？又是什么原因使这些光色彩斑斓、飘忽闪现呢？这是物体固、液、气三态之外的另一种存在状态的发光现象，我们把物体的这种状态称为物质的第四态，即等离子体态，又叫做电浆。

如果对气体持续加热，由于物质分子热运动加剧，使分子分解为原子，并使粒子之间发生强烈碰撞，一些电子被从原子中撞出去，失去电子的原子变成带正电的离子，发生电离，这样就形成了自由运动并相互作用的离子、电子和中性粒子混合组成的气体状混合物，这就是等离子体。等离子体中的带电粒子运动时，能引起正或负电荷局部集中，产生电场。电荷定向运动引起电流，产生磁场。电场和磁场又影响其他带电粒子的运动，并伴随着极强的热辐射和热传导，等离子体被磁场约束做回旋运动等。因此等离子体中存在显著的振荡、波动行为和发光现象。

对于整个宇宙来讲，已知物质有99%以上都是以等离子体态存在的，如恒星和行星际空间等都是由等离子体组成的。用人工方法，如核聚变、核裂变、辉光放电及各种放电都可产生等离子体。等离子体可分为高温等离子体和低温等离子体。现在人们已经可以利用电场和磁场产生、控制等离子体，并将其应用于材料、能源、信息、环境空间、空间物理、地球物理等领域。常见的有用高温等离子体焊接金属、等离子体灯光照明、等离子显示屏等。

322

guāng lǎn tōng xùn　　shù zì mó xíng
光缆通讯，数字模型，
xìn xī gāo sù　　dì qiú cūn míng
信息高速，地球村名。

注释

光缆：用来传播光信号，由许多光导纤维组成的线缆。
模型：模仿实物制作的物品。

当把一束光调整到一个适当的角度射到一束水流中或一个弯曲的玻璃棒中时，会发现光能沿着弯曲水流或玻璃棒传输。这是因为光从水或玻璃中射向空气时，当入射角大于某一角度时，光会全部被反射回水或玻璃中，即发生全反射，光全部在水流或玻璃棒中沿“之”字形传递。1966 年，英美双国籍华人高锟开创性地提出光导纤维在通信上应用的基本原理，发挥光传播最快、传输量大的特点，使第一个光纤系统于 1981 年问世。高锟因此获得 2009 年诺贝尔物理学奖，被称为“光纤之父”。一根由 32 条光纤组成的食指粗的光缆，可同时传输 50 万个电话和 5 000 个电视转播，传输一部 32 卷的《大不列颠百科全书》仅需 5 秒，而用普通网络要十多个小时。

数字模型技术是将数学计算或自然地理、人工工程、动植物生存和活动状态等，通过计算机和通信技术，进行数字记录或模拟计算。有的可通过声、光、电、图像、三维动画以及计算机程控技术与实体模型相融合，达到一种惟妙惟肖的动态视觉效果。比如，数字地球、模拟飞行、工程结构与受力、经济状态、学习效果等。

所谓“信息高速公路”，就是一个高速度、大容量、多媒体的信息传输网络。由于信息高速公路的迅速发展，地球上的时空距离相对被缩小，全球交流就像在一个小村子里一样便利，因而从全球交流来看，地球已经成为茫茫宇宙中的一个小村庄。

323

zào fǎng yuè qiú, yáo kān huǒ xīng,
造访月球，遥勘火星，
tài kōng jiàn zhàn, tàn wèn wài céng
太空建站，探问外层。

【注释】
遥勘：远距离勘探、测量。
外层：外层空间，即空气空间以外的整个空间，属于国际公共领域。

月球是离地球最近的一个天体，距离地球38.4万千米。月球上有丰富的矿产资源和太阳能，土壤里含有核聚变原料He－3；月球具有超高真空、无磁场、地基稳定、弱重力和高洁净等特征，可开展各种新材料和生物制品的研制，是理想的空间转运站和军事平台。明静的月亮引起人类无限的好奇与遐想，登上月球更是人类几千年的梦想。1969年7月20日美国宇航员阿姆斯特朗和艾德林在月球表面着陆，阿姆斯特朗第一个在月球表面上印上人类的足迹。

科学家认为生命的起源跟演化是宇宙中的普遍现象，在太阳系内火星是最有可能发现生命迹象的地方。火星是地球的邻居，离地球最近距离约5 500万千米。从1960年苏联首先向火星发射探测器开始，美国、欧洲等都发射了火星探测器或火星车。目前美俄开始计划派宇航员登陆火星。中国负责研制的“萤火一号”火星探测器，也已于2011年底发射升空，在绕火星轨道上对火星空间环境和大尺度地貌进行探测。

1983年，美国总统里根提出建设国际空间站，之后共16个国家参与研制的国际空间站于1993年完成设计，1998年正式开始建设。2000年11月，美俄3名宇航员进驻空间站成为第一批居民。2001年4月，美国人蒂托访问国际空间站，成为第一位太空游客。中国载人空间站工程已正式启动，2020年前后将建成规模较大、长期有人参与的国家级太空实验室。

324

shàng dì zào wù, tè chuàng lùn chēng,
上帝造物，特创论称，
wù jìng tiān zé, jìn huà lùn zhēng
物竞天择，进化论争。

【注释】物竞天择：生物互相竞争，能适应生活者被选择存留下来。

特创论又称“神造论”。特创论认为生物界的所有物种（包括人类）都是由上帝创造出来的。《圣经》第一章“创世记”就描述了万能的上帝耶和华是怎样在六天中创造万物的：世界伊始，地上是浩淼无际的水，暗淡无光。第一天，上帝创造了光，从此有了光明和黑暗、白昼和黑夜。第二天，上帝创造了空气，有了云、雨和江河湖海。第三天，上帝让陆地裸露出来，并长满青草、蔬菜、树木。第四天，上帝创造了日、月、星辰。第五天，上帝创造了水中的游鱼，空中的飞鸟。第六天，上帝创造了地上生活的昆虫、野兽，并按照自己的形象用尘土造了男人，给他取名为亚当。之后，上帝取下亚当的一根肋骨，造成一个女人，名叫夏娃。万物都造齐了，第七天，上帝就休息了，这一天就叫安息日。

进化论认为物种并不是永久不变的，在地球漫长的历史中，同一物种在不同地区生存会产生不同的特征，甚至演变成不同的种类。所有的生物可能都是从极少数甚至是由一个共同的祖先演化而来的。在进化过程中，适应自然环境者生存下来。

在18世纪以前，特创论在整个西方文化中一直占据着统治地位。后来，随着自然科学的发展，特别是达尔文的进化论提出后，特创论学说遭到了很大的挑战。时至今日，是谁创造了世界，是谁创造了生物和人类依然是一个争论不休的问题。

325

tiān dì chuàng zào qū xiàng píng héng
天地创造，趋向平衡，
rén gōng zhì zào dà xiāng jìng tíng
人工制造，大相径庭。

注释 大相径庭：完全不同。

人是自然的产物之一。但是，人类却可用自然给予的智慧再造产物。我们所见的大千世界，有的是自然产生的，有的是人类制造的，它们虽然都是由基本微粒构成的，但是自然产生的物体与人工制造的物体却有本质的区别。

首先，自然造物与人类造物的方向不同。自然造物趋向顺势而下，人类却逆势而上，如人类用各种工序制造汽车，希望汽车永远完好如初。而自然却喜欢将汽车锈蚀、磨损、分解；自然向简单化发展，人类制造向复杂化努力。其次，自然造物似乎没有预先的目的，都是遵循一种循环规律。而人类造物却要先有不同的原理和目的，然后按照这些原理和目的去制造。但是，无目的的自然造物是有目的的人类造物远不能相比的，如再精致的工厂和设备也远不如一只小昆虫的神经系统复杂。再次，自然界没有废物，都可优化利用，而人类制造的物品最后都要变成垃圾。自然造物遵循循环规律顺势造物，每一种产物的衰亡过程都是其他产物的加工过程，而人类造物之间少有联系。最后，自然创造一个天衣无缝的整体世界，各有所能，优化配置。而人类只是借助自然赐予的原料创造出一些零零散散的拙劣物品。可见，人类与自然相比还很幼稚，不能妄谈“人定胜天”。

326

zì rán miào jué，dà lì huí róng，
自然妙绝，大力回容，
wàn wù zào zuò，gè jìn qí xìng。
万物造作，各尽其性。

【注释】

大力回容：自然界的力量给看似复杂的万物以最雍容大度的包容。

造作：制造。

我们从了解、探问自然的那一刻起，就会感悟到自然的奇妙与深奥。一些飘忽不定的粒子，似乎按照某种约定的力凝合在一起，然后演变出丰富多彩的世界。苍茫浩宇与银河星系，高洁的雪山与碧蓝的小溪，莺歌蝶舞与花妍草绿，还有那广阔的大海与翔鸥游鱼。我们的地球是那样富饶而美丽，自然生态又是如此奇妙而有序，生物因多样性的平衡而旺盛延续。在生物遗传的过程中，大自然又深谙遗传的奥秘，每个物种都有一套自己独特的基因，遗传基因密码复制得精准而严密。自然中“凡物各尽其性”，鲜有多余和无用之物。一片在微风中轻摇的小小绿叶，却在悄无声息中发挥了一个能量加工厂的作用，为几乎所有动物提供能量，又毫无人类加工厂那令人厌恶的噪音与粉尘。自然的和谐才是天衣无缝的，无论人类自认为是多么渺小或多么庞大的自然造物，在自然的视野里都是同等的。热带雨林中高大的乔木似乎要独享阳光，而下面的地衣苔藓却怡然自得地享受湿润阴凉。自然的一切都在周而复始的运转之中，一切事物也都是自然圈定的一点，无所谓高大与矮小，尽性才是生命的必要，真是天赋物权，淋漓尽致。所以，徐志摩说：“大自然真是一大本绝妙的奇书，每张上都写有无穷无尽的意义，我们只要学会了研究这一大本书的方法，多少能够了解它内容的奥义，我们的精神生活就不怕没有滋养，我们理想的人格就不怕没有基础。”

327

ān jī suān zǔ dàn bái hé chéng
氨基酸组，蛋白合成，
hé suān dàn bái diàn dìng shēng mìng
核酸蛋白，奠定生命。

【注释】氨基酸：一种由碳、氢、氧、氮元素组成的生物大分子。
奠定：稳固地建立。

蛋白质是一切细胞和组织结构的重要组成成分。在大多数细胞中，蛋白质要占到细胞干物质的90%以上。所以，生命的产生、存在和消亡都与蛋白质有关。身体一旦失去蛋白质，生命就不会存在。构成蛋白质的最基本单位是氨基酸，人体内的氨基酸有20多种，这些氨基酸在植物体内都能合成，而人体只能合成一部分。所以，人体需要食用植物来获得氨基酸，也需要食用肉类来获得蛋白质。但人体不能直接吸收蛋白质，必须在消化酶的作用下，把高分子的蛋白质分解成低分子的氨基酸，氨基酸可被人体吸收，一部分被进一步分解，另一部分被重新合成人体蛋白质。这样，人体就会保持一定量的蛋白质，生命由此得到维持。

一切生物的细胞里面不仅含有蛋白质，也都含有核酸。核酸是生命体遗传信息的携带者。而且，在生命体内合成蛋白质，必须在核酸的参与下才能完成。所以，蛋白质和核酸构成了生命的物质基础，生命活动实质上就是蛋白质和核酸的运动。核酸和蛋白质结合而成的复合蛋白质叫做核蛋白质，存在于一切生物中。细胞中核蛋白主要存在于染色体和核糖体中。由于核酸有DNA和RNA两类，核蛋白也分为DNA－核蛋白和RNA－核蛋白两类。由于核蛋白的核酸与生物遗传和蛋白质生物合成关系密切，因此有关核蛋白结构与功能的研究十分活跃。病毒是一种简单的生物，其化学本质就是核蛋白。

328

èr yǎng huà tàn　yáng guāng shuǐ qīng

二氧化碳，阳光水清，

yè lǜ tǐ lǐ　shēng wù xù néng

叶绿体里，生物蓄能。

【注释】

二氧化碳：由两个氧原子与一个碳原子组合而成的分子，常温下是一种无色无味的气体。

叶绿体：植物体中用来进行光合作用并含有叶绿素的细胞器。

我们知道人的身体要不断散发热量（能量），运动时身体也要消耗热量（能量），这些热量来源于我们吃的食物，而食物中的热量（能量）又是来源于什么呢？原来这些能量都来源于植物，植物储存的能量，通过人类或动物的食用传到身体里，人吃了牛、羊、猪、鸡等肉类，也会将这些动物肉中的能量传递到人的身体里，这样就形成一种能量传递链条，即沿食物链的能量传递。那么，植物是如何产生能量和储存能量的呢？这就是植物的光合作用。

植物光合作用是植物利用叶绿体中的叶绿素在太阳光的照射下，将二氧化碳和水转化为有机物，并释放出氧气的生物化学过程。因为植物具有这种能够通过光合作用利用无机物生产有机物并且贮存能量的特殊功能，所以植物被称为“食物链的生产者”。而食物链的消费者通过消化食物可以将植物所贮存的能量的10%～20%吸收成为自己的能量。对于生物界的几乎所有生物来说，只有植物才能直接吸收太阳能，并储存在自己的身体内，这就是支撑地球全部生命的能量总和。而沿着食物链，其他生物对植物和动物的消耗都是将植物储存的能量转换成自己的能量，这个过程是它们赖以生存的关键。所以，一个健康的人，每天都应该吸收（吃入）具有一定热量的食品来维持身体健康。

329

wù tǐ shēng miè　wù zhì yǒng héng
物体生灭，物质永恒，
shēng wù liàn huán　néng liàng chuán chéng
生物链环，能量传承。

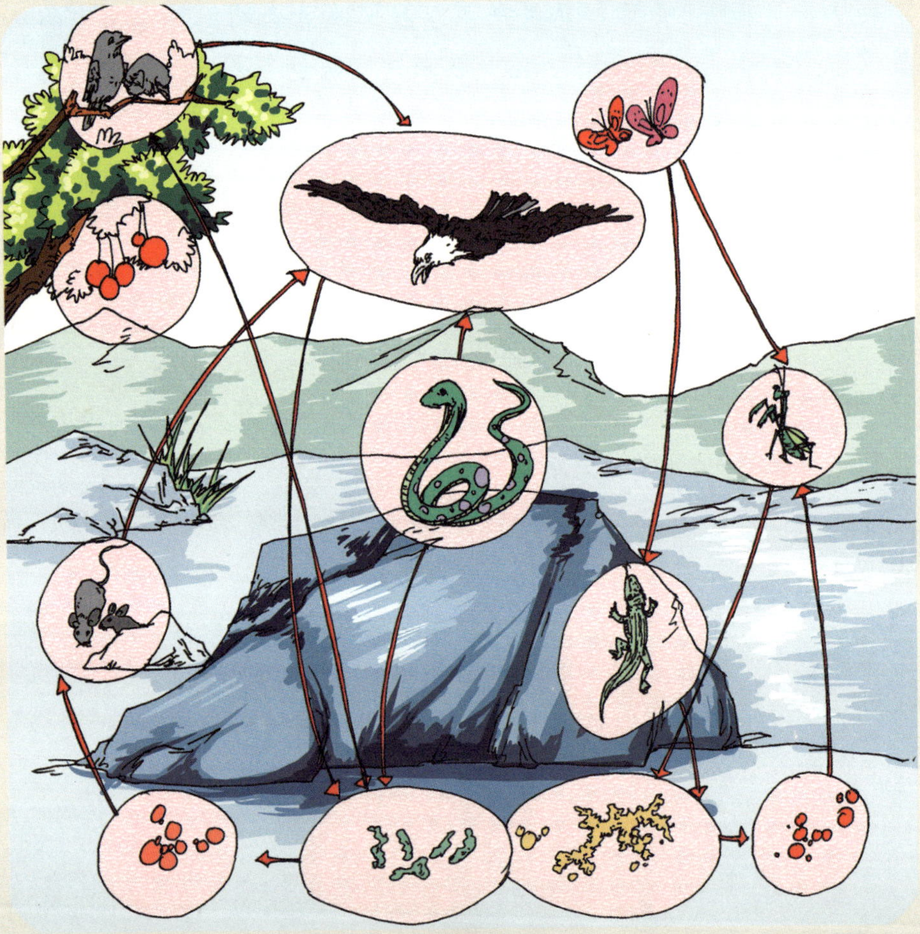

【注释】
物质：大千世界的真实存在，是能量的一种集聚形式。
永恒：永不改变。
能量：大千世界真实存在的统一形式。

我们的世界是由物质构成的，而所有物质都是由最小的基本粒子构成的。如同一座大楼是由一块块砖砌成的一样，砖块就相当于基本粒子，只是真正的粒子小到超过我们的想象，要借助特殊的设备才能“看”得见。当一个生物体死亡或一个物体被改变，其最基本的粒子仍然存在，只是它们又参加构成别的物体，成为别的物体的一部分。如动物死后腐烂变成肥料，成为植物吸收的营养，一部分原来构成动物的基本粒子变成植物的一部分。

我们熟悉的太阳光不仅给我们光明，也给我们能量。植物在可见光的照射下，利用光合色素，将二氧化碳（或硫化氢）和水转化为有机物（碳水化合物），再经过复杂的生化反应合成大分子淀粉，同时把光能转变成化学能固定在植物体内。而其他动物通过食用植物来获取能量，这样各种生物通过一系列吃与被吃的关系，使能量在各种生物之间传递。因此，在生物之间形成的以食物营养关系（能量传递）彼此联系起来的序列被称为“食物链”。植物在食物链的最下端，它被人或其他动物吃掉，而自己主要通过阳光、水和二氧化碳生产能量。能量传递将整个生物圈联结成一个大的生命体，因此能量的传递就是大生命体中的生命传递，这种生命传递总是以一个生物被杀死后另一个生物获得能量的方式，使生命得到延续。

330

rén lèi jìn huà, kē jì xīng shèng,
人类进化，科技兴盛，
xiàn dài shè huì, wēi jī chóng chóng
现代社会，危机重重。

【注释】 危机：产生危险的根源。

我们可以乘坐越来越快的火车，可以在互联网上快速查到想要的信息，可以在超市买到地球另一面的树上结的新鲜水果。这些都是现代文明高速发展的科学技术为我们带来的便利，但同时这些科学技术也使人类处于潜在的危机之中。这些危机包括资源的短缺、生态环境的恶化、经济危机、核威胁、信仰的失落等，它们已经威胁到了人类的持续健康发展。

资源可分为自然资源和社会资源两大类，资源的短缺主要是指自然资源的短缺。以能源为例，有科学家预测，半个世纪内，全世界的化石燃料都将消耗殆尽。另外水土资源、森林资源等也都处于短缺之中。物种的不断灭绝正在使地球生物的多样性和全球生态系统受到严重的损害，森林的消失以及环境污染、土地的荒漠化直接威胁着地球生命的延续。现代互联网技术及区域经济一体化等使现代经济危机具有频度高、传播速度快、影响范围大等特点。如果一个国家出现经济问题，会迅速影响众多国家，乃至全球。现代社会的发展使传统的价值观逐渐弱化，而新的价值观呈现出多元分化的趋势，这使现代人陷于深度的迷失和极大的精神痛苦之中，出现信仰危机。再有，两次世界大战的阴霾还未完全散去，新的恐怖活动与局部战争又硝烟四起，核武器扩散和核战争对人类的威胁更大。这些问题中的每一个都与人类的生存息息相关。

331

mì mǎ jiě xī, jī yīn gōng chéng,
密码解析，基因工程，
rén wén shēng tài, xǐ yōu jiāo yìng.
人文生态，喜忧交映。

【注释】解析：解释分析。
人文生态：人工干预建立的生态环境。

最小的独立生命体是细胞，所有的生物都是由细胞组成的。细胞由细胞核、细胞质、细胞膜和细胞壁构成。细胞分裂复制主要依靠细胞核，而在细胞快分裂时细胞核内的染色质（可以被染色的物质）会浓缩成短粗的染色体。人的体细胞核里有23对46条染色体，而生殖细胞核里有23条染色体。一个染色体是由一个长长的DNA（脱氧核糖核酸）分子浓缩而成的，DNA上面分散着一段段代表遗传信息的叫做基因的片段，人体大约有3万~5万个基因。生物的各种信息就是通过染色体上的DNA基因段传递给分裂出的细胞（或子女）。科学家们发现DNA是双螺旋结构，像一个向右扭转的绳梯，梯子踏板是由一对对碱基搭接而成的。碱基的化学名称是核苷酸，共有四种。两个核苷酸搭接的地方可以分离，再与游离的核苷酸结合，这样一条DNA就复制成了两条完全一样的DNA，携带的信息就被遗传了。

目前，全世界的科学家们正在绘制人体46条3万~5万个基因30亿对核苷酸的排列图，这个计划被称为“国际人类基因组计划”。有了正常人的基因图，就等于掌握了基因密码，就可以通过修复坏的基因来治病，或改变某段基因以让苹果变成香蕉味。但是，人类如果肆意改变基因则会导致灾难性后果。

332

kè lóng fán zhí zhì hé yì shēng
克隆繁殖，质核异生，
shēng mìng lún lǐ shèn zhòng wù qīng
生命伦理，慎重勿轻。

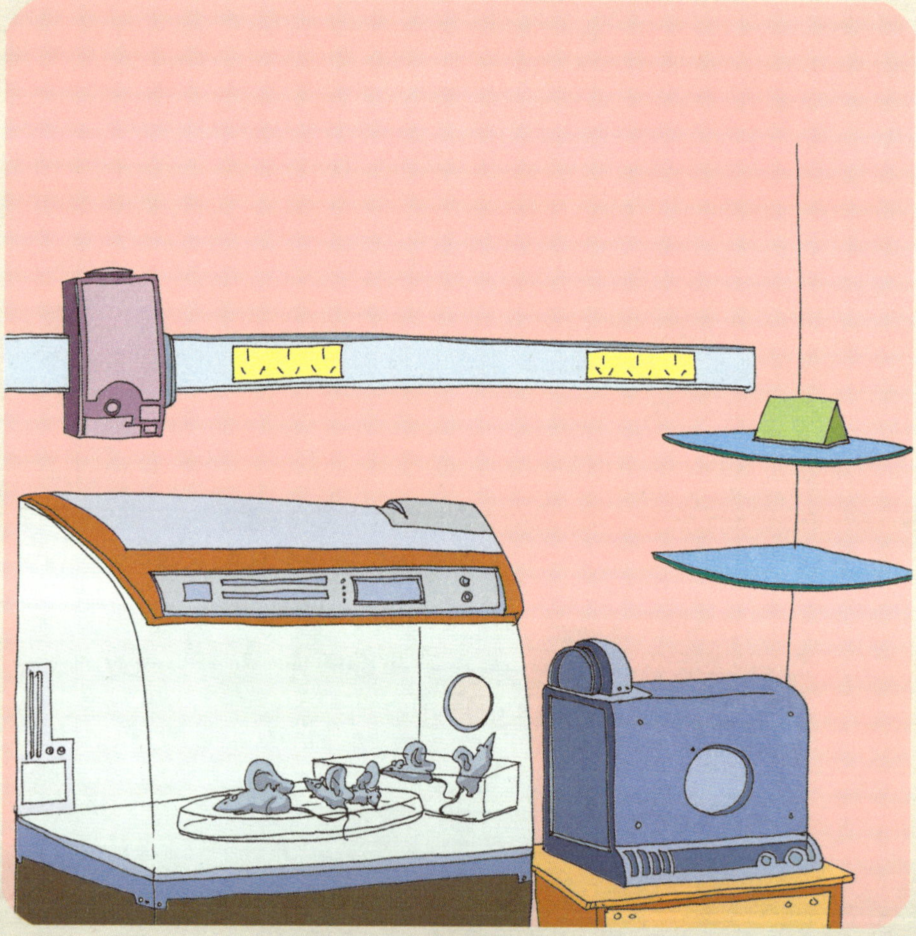

注释

繁殖：生物产生后代的生理过程。

生命伦理：以生命为中心的道德准则，“伦理”即人们相处的道德准则。

很长时间人们一直认为哺乳动物必须通过父亲的完整精细胞和母亲的完整卵细胞结合生育下一代，即有性繁殖，但是这种观念在人类科技发展面前已被彻底改变。1996 年 7 月在苏格兰爱丁堡附近的罗斯林研究所，用一只母羊乳腺细胞核与另一只母羊的卵细胞核植换诞生了绵羊多利，这使生物技术得到一次创新性飞跃，这种技术被称为克隆（Clone）。克隆原指幼苗或嫩枝以无性繁殖或营养繁殖的方式培育下一代植物。而当科学家发现生物体上的每个细胞都有一套相同的 DNA，即都含有相同的全部的遗传基因后，便开始进行动物克隆试验，取某一要被复制动物的细胞核，植入另一雌性动物排出、人工去掉细胞核的卵细胞中，再将卵细胞移植入第三只动物的子宫中怀胎孕育。因为克隆后孕育新动物的卵细胞核中的 DNA 全部来自提供细胞核的动物，最后产出的小动物就是取用细胞核的动物的克隆（复制）品，与提供细胞核的动物完全一样。

在成功克隆多利之后，很多生物学家又克隆出牛、猪等动物，甚至在动物身上克隆人体器官提供给病人进行器官植换，设想将来换人体器官如同给汽车换零件一样简单，甚至还有人要成批克隆人。试想，如果这样克隆起来，笼子里的一群老鼠的后背都长着人的耳朵，另一个笼子里的小猪都长着人的手，或者有一大群希特勒被克隆出来，或者一出门遇到一个和自己完全一样的家伙，我们这个世界将会成什么样子？

333

àì zī bìng dú　miǎn yì shī héng
艾滋病毒，免疫失衡，
xuè yè yǔ xìng　chuán rǎn tú jìng
血液与性，传染途径。

【注释】免疫：免疫是人体的一种生理功能，识别和破坏外来成分，以维持人体的健康。

艾滋病（AIDS）的病毒简称HIV，是一种破坏人体免疫系统，使人体因丧失对疾病的抵抗能力而死亡的疾病。据说艾滋病起源于非洲，后由移民带入美国。自1981年6月5日首度被证实以来，艾滋病已经夺去了超过2 500万人的生命，还有超过3 000万人受到感染。非洲是受艾滋病威胁最严重的地区，中国也有超过70万人感染了艾滋病。艾滋病毒于1983年被分离出来，人们曾以为就像发明牛痘疫苗一样，可以很快找到对付这种病毒的有效药物。然而，因为HIV经常发生变异，这么多年过去了，人类仍然没有看到完全战胜艾滋病的希望。

艾滋病的主要传播方式只有两种：性交传播和血液传播，母婴传播和共用针具传播属于血液传播。因此，不明健康性伴侣、静脉吸毒者、血友病患者、接受输血及其他血制品者是艾滋病的易感人群。共用注射器吸毒是传播艾滋病的重要途径，因此要拒绝毒品，还要避免不必要的输血、注射等。艾滋病人也是人，具有生存和受尊重的权利，对艾滋病人多一份理解与尊重更有利于艾滋病防控工作的顺利进行。世界卫生组织于1988年确定每年12月1日为世界艾滋病日，号召世界各国在这一天举办各种活动，宣传和普及预防艾滋病的知识，以期可以更有效地防治艾滋病。

334

bìng dú biàn yì liú gǎn xīn xíng
病毒变异，流感新型，
dòng wù yǔ rén biān jiè yù jǐng
动物与人，边界预警。

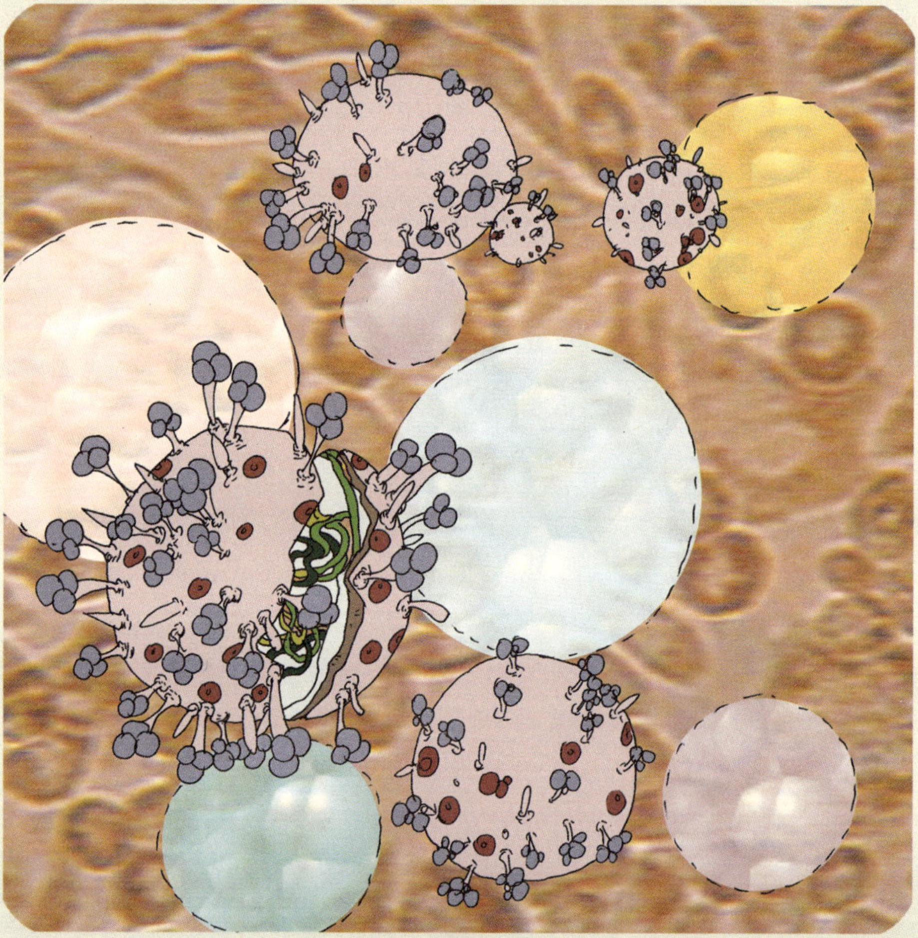

【注释】 变异：同种生物世代之间，或同代生物不同个体之间的差异。

有报道说，苏格兰爱丁堡罗斯林研究所科学家继成功克隆绵羊多利之后，又成功地将人的心脏基因转录到猪的身上而制成猪身人心。但是2008年8月以后，这个项目被迫停止，原因是人猪动物模糊了人和猪的边界，以往猪身上不会传染给人的病毒也会传染给人。而且如果猪长了人心的话，面对猪人类会作何感想？另外，有猪身人心，就会有牛身人心，长此发展，人与动物还有区别吗？据说，2003年暴发的SARS，就是动物果子狸身上的冠状病毒传到人的身上来了。而2009年4月在墨西哥暴发并很快蔓延全球的猪流感，后来被研究证实集中了猪流感病毒、人流感病毒和禽流感病毒的特征，于是改名为“甲型H1N1流感”，新甲型H1N1是一种变异的全新的流感病毒。研究人员警告说，流感病毒在不停地变异，只要发生一些微小的基因变异，原来只会带来小麻烦的流感病毒就可能会变成新型致命病毒，因此任何一种新流感病毒的暴发都有可能对人类构成严重威胁。

有人预言，新型病毒的衍生与人类自身生物化学技术的应用有关，如杀虫剂的使用改变了昆虫的抗药性，化工饲料催长动物，转基因食品的基因改变等都在食物链上流传，从而也逐渐改变着人类，甚至使人与动物的边界越来越模糊，所以人类将遭遇更多更奇怪的病毒袭击。

335

shēng wù duō yàng， fán yǎn píng héng，
生物多样，繁衍平衡，

shēng líng zhī wǎng， mián miǎo kāng shèng
生灵之网，绵邈康晟。

注释 生灵：动植物等有生命的东西。
邈：遥远。　晟：旺盛，兴盛。

根据科学家估计，地球上最多存在着1 300万甚至1亿个物种，目前人类已经识别了约200万个物种。在每一个物种内部，因基因的不同又分为若干种群。各不相同的物种构成了地球生物的多样性。这种多样性包括物种多样性、基因多样性和生态系统多样性。生物多样性维护了自然界的生态平衡。生态系统内物种越丰富，它的生命力就越强，在改变和威胁下更容易形成新的平衡，使生命得以延续。地球生物多样性是全人类共有的宝贵财富，为人类提供了良好的生存环境，如提供了丰富的食物、药物、燃料等生活必需品等。没有生物多样性，人类将无法在地球这个行星上继续生存。

但是，地球上物种分布是很不均匀的，约占陆地面积7%的热带森林，集中了全球50%以上的物种。同时，由于地球上的人口快速增加，人类控制地球的能力不断增强，地球上的生物圈显得越来越脆弱，生物多样性面临着极大的挑战。有科学家认为，人类现在正面临着继6 000多万年前恐龙灭绝后最大的一场生物多样性危机，而这次危机与人类对自然环境的破坏有着很大的关系。1992年，联合国在巴西里约热内卢通过了《生物多样性公约》，开始注重保护野生生物。许多国家纷纷响应，在本国内建立自然保护区，甚至以自然保护区面积占国土面积的百分比来衡量自然保护事业发展水平的高低。从2001年开始，每年的5月22日成为国际生物多样性日。

336

shì zhě dù dù　zàng líng āi míng

逝者渡渡，藏羚哀鸣，

tiān dào yǒu cháng　rén lèi wú qíng

天道有常，人类无情。

注释

渡渡：渡渡鸟。

天道有常：自然的存在都有它自己的道理和内在规律。

渡渡鸟也称“嘟嘟鸟”或“毛里求斯渡渡鸟”，是产于印度洋非洲岛国毛里求斯的一种不会飞的鸟。渡渡鸟在岛上没有天敌，可以安逸地在树林中建窝孵卵，繁殖后代。1507 年，欧洲水手到毛里求斯岛定居，渡渡鸟毫无戒备意识，甚至友好地接近人类，然而水手们却大肆捕杀渡渡鸟来吃。到 1681 年，渡渡鸟彻底灭绝。一个物种接近人类不足 200 年就灭绝了，这就是西方谚语“像渡渡鸟一样销声匿迹了”的来历。渡渡鸟灭绝后，曾经是渡渡鸟栖息之地的大颅榄树林也渐渐稀少了。到 20 世纪 80 年代，毛里求斯只剩下 13 株大颅榄树。

可可西里，蒙古语为“美丽的少女”，位于青海省西部青、新、藏三省区交界处，是世界上仅存的古老、原始而又完整的生态环境之一。在这片人迹罕至的青色山脉中生存着美丽的藏羚羊。它们身材矫健，奔跑如飞，被称为“高原精灵”。但是由于藏羚羊纤细柔软的毛绒被人类称为“软黄金”，用藏羚绒制成的“沙图什”披肩成为一些女人的显贵装饰。因此，从 20 世纪 80 年代末开始，“高原精灵”遭到屠杀，屠杀者用冲锋枪对美丽的藏羚羊群疯狂扫射，在令人心颤的枪声中，成千上万的藏羚羊让“美丽的少女”成为血腥之地。藏羚羊种群数量从 20 多万只急剧减少到几万只，成为世界濒危物种。

337

wù tǐ jù xiǎo, jiē yìng tiān mìng,
物体巨小，皆应天命，

zhēng miè cuàn huǐ, qián huò bàn xíng
征灭篡毁，潜祸伴行。

【注释】 天命：此处指自然规律。
篡：夺取。

据说，自从6亿年前多细胞生物在地球上诞生以来，物种大灭绝现象已经发生过5次，这5次灭绝都是由自然灾害引起的。现在正处在第六次物种大灭绝之中，而这次灭绝的罪魁祸首却是人类。据统计，1600—1800年间，地球上的鸟类和兽类物种灭绝了25种；1800—1950年地球上的鸟类和兽类物种灭绝了78种。目前，全世界平均每天有75个物种灭绝，平均每小时有3个物种灭绝。从进化论的角度来看，物种灭绝是自然规律，比如大熊猫种群目前就处于一种衰退的状态。但是自从人类出现以后，特别是工业革命以来，人口快速增加，人类活动范围越来越大，对自然的干扰和破坏越来越严重。人工工程使有些生物种群被隔离，不再像以前那样可以自由进行基因交流。科学家预测，到2050年，目前25%～50%的物种将遭灭顶之灾，将有100万个物种灭绝。

地球表层是由动物、植物、微生物等所有有生命的物种和它们赖以生存的环境组成的一个巨大的生物圈，人类就是其中的一员。当生物圈损害到一定程度时，就会导致人类赖以生存的体系崩溃，自然界的报复（人类认为的灾害）加重，直至人类灭绝，然后不受人类控制的全新物种可能会出现。

338

hùn dùn xiàn xiàng　hú dié xiào yìng
混沌现象，蝴蝶效应，
shān dòng chì bǎng　wǔ qǐ jù fēng
扇动翅膀，舞起飓风。

【注释】效应：事物或现象引起的反应和效果。

你家乡的一只蝴蝶扇动几下翅膀，就可能在地球的另一面引起飓风，这种“蝴蝶效应”是“混沌现象”的典型例子。混沌现象就是指在一个极易变动的大系统中，初期具有一定规则的连续微小的变化，可能会导致令人瞠目结舌的巨大效应，即“差之毫厘，失之千里”。但这种混沌现象与一般杂乱无章的混乱状况完全不同，混沌现象看似混乱，却具有某种内在规则。混沌现象最先用于解释自然界，如大气湍流导致蝴蝶效应，海洋的湍流现象，野生动物种群数量的涨落等。但是在人类社会领域中因为事物之间相互牵引，混沌现象也很多见，如高速公路塞车、股票市场的起伏、名人与社会效应、人生的平坦曲折、教育的复杂过程、心脏和大脑的振荡、网络效应等。混沌理论是继相对论和量子力学问世以来，20世纪物理学的第三次大革命，覆盖了自然科学、社会科学等诸多领域。

欧洲有一句谚语：“钉子缺，蹄铁卸；蹄铁卸，战马蹶；战马蹶，骑士绝；骑士绝，战事折；战事折，国家灭。”小小铁钉导致国家灭亡，就是典型的混沌理论。

339

mǎ yǎ wén huà，wú gē gǔ chéng，
玛雅文化，吴哥古城，
mǎ qiū bǐ qiū，shī luò wén míng。
马丘比丘，失落文明。

【注释】失落：遗失，丢失。

玛雅文明主要分布在墨西哥、危地马拉和洪都拉斯等地。2世纪时，玛雅人已经建造出有宫殿、寺庙、广场、球场的城市，3—9世纪玛雅文明达到鼎盛，在建筑、天文、数学、艺术等方面都取得了辉煌成就，后突然走向衰落。

吴哥窟是9—15世纪高棉王国国王苏耶跋摩二世用35年的时间建造的寺庙，与泰姬陵、金字塔等世界奇观齐名。整座建筑全用石块砌成，顶部矗立五座宝塔。神庙里，精美细腻的刻画随处可见，到处洋溢着人文与自然交错的美感。15世纪，吴哥王朝衰败后，吴哥窟淹没在茫茫丛林中。

马丘比丘位于南美洲秘鲁境内的深山山顶，是曾经繁盛一时的印加帝国的遗址，城区由200座建筑和109处连接山坡与城市的石梯组成，是世界上最美的石方工程。据考古学家分析，马丘比丘并不是普通的居住地，而是一个举行宗教祭祀活动的中心。

玛雅、吴哥、印加文明及古埃及、古希腊、古罗马等人类失落的古文明，虽然留下的仅是千百年风沙雪雨琢蚀的断壁残垣，但喷发出的人性与神性、自然与人文和谐的光芒，如长空中的星光般璀璨，让我们长久仰望，滋润着我们的思想。

340

chí xù fā zhǎn rén wén dài xīng
持续发展，人文待兴，
kē xué qiú zhēn shàn měi bìng xíng
科学求真，善美并行。

注释 人文：就是与人相关的自然状态。

科学技术的发展给现代文明带来了巨大的发展契机。但是它在为人类带来恩惠的同时，也带来了灾难。如第一次和第二次世界大战中，由于新科学技术的应用，远程和大规模杀伤及生化武器使战争更加残酷。广岛和长崎原子弹辐射的后果还没有完全消除，和平时期的切尔诺贝利核事故、日本福岛核泄漏又接踵而至，同时出自文明时代的生物工程也无时无刻不在威胁着人类文明。所以，在科学技术造福人类的同时，人类面临的危机也越来越严重。

自然科学是研究物质世界的，力求反映自然界是怎样的。而人文学科是研究人的，力求反映人类世界是怎样的。由于人本身就是物质世界或自然界的一部分，所以两种学科有着共同的出发点，就是人与自然不可分离的和谐发展。人与自然、人与社会的和谐，是一种“道”。科学求真，真中含美；艺术唯美，美不离真；人文尚善，善与真美并行。所以，人文是科学的方向，科学是人文的动力。偏废人文精神，科学技术将成为人类的灾害。所以，各种危机的产生并不是科学技术本身造成的，而是享受和控制科学技术成果的人造成的。人类如何对待科学技术成果是人类的思想问题，这种思想体现在人与自然界和谐发展中人所应具备的精神境界上，即体现在人文精神上。

341

jìng wèi zì rán, zhēn ài shēng líng,
敬畏自然，珍爱生灵，
dì qiú jiā yuán, hé xié dà tóng
地球家园，和谐大同。

注释

敬畏：发自内心地敬重和畏惧。

生灵：泛指有生命的物体。

和谐：相互配合得适当，和睦协调。

大自然中，无论是一草一木，也无论是动物还是人类自己，都有其存在的意义。世间万物的爱和生命都让人类敬畏。人类作为一种高智慧的生灵，应懂得爱，懂得善待万物，善待每一株小草、每一朵小花，善待世间的生灵，懂得充分尊重宇宙万物的尊严和生存权利。生命对于每一个生灵都是宝贵的，万物皆有灵，而人应该同样有情。因此当下追求万物本质的科学家们以及一些虔诚的宗教信徒们，由于对自然的深入理解或虔诚，时时被自然界那特有的美妙、原则和精神所震撼，心存敬仰之情。然而，今天绝大多数现代人，依赖科学技术的发展成果所产生的辅助力量，往往以为自己可以“人定胜天”，甚至动用手中的权力集体粗暴干涉自然。但是，人类若想长期发展下去，应该收敛自己的粗糙行为，懂得自然的宽容与博大。如同大科学家牛顿所说，面对自然我们自己还是一个在海边玩耍的孩子，我们现有的能力只是偶尔发现的一个美丽贝壳罢了，而大自然却是比无边无际的大海更神秘更广阔。所以，人类只有敬畏自然，珍爱生灵，才能和谐发展。原北京大学高材生柳智宇说得好：“以爱心和敬畏的心与世界互动，我们才能欣赏它的美和神奇。爱心缩短了我们与万物间的距离，敬畏给予我们平等的眼光，去除了自我中心的态度。”

342

yī gè shì jì, sì shí sì yì,
一个世纪，四十四亿，
chāo shēng chāo yù, dì qiú fá lì.
超生超育，地球乏力。

注释　乏力：缺乏力量，这里指地球承载能力不足。

人类经过百万年的发展，到19世纪初期，全世界人口总数达到10亿，到20世纪初期达到16亿。而到21世纪初期，世界人口总数突破60亿。可见，前百万年人口增长10亿，19世纪的100年间人口增长6亿，而20世纪的100年间，人口爆发性增长了44亿。而到2011年全球人口已接近70亿，预测到2050年左右世界人口将达到90亿至100亿。地球人口的快速增长导致了资源不足、生态环境急剧恶化、贫困人口增加等一系列问题。而这些问题的根源是人口发展临近或超过了地球的承载能力。

据科学家们计算，地球上的资源最多能够支持70亿人口的生存与发展，人口如果超出这个数量，就会对自然资源造成破坏性、掠夺性使用，如森林被超量砍伐导致森林越来越少，草原被过度放牧导致荒漠化越来越严重，这些都使地球表面植被的吸涵水能力降低，从而导致山洪频繁暴发，气候变坏等自然灾害。自然生态被破坏，自然资源就会更加不足，也就会出现生存环境恶性循环的后果，最终导致人类难以继续在地球上生存下去，或者出现巨大灾害导致人口急剧减少等。所以，如果目前人口急剧增加的趋势不能被遏制，不能使人口保持在一个与地球承载能力相适应的状态，人类的确将面临一个黯淡的前途。

343

rén kǒu chóu mì　zī yuán kuì jì
人口稠密，资源匮继，
huán jìng è huà　zhì liàng jiàng dī
环境恶化，质量降低。

【注释】稠密：多而密。
匮：缺少。

资源、人口和环境问题是目前人类面临的三大问题。人类社会正向人口增加导致生态环境破坏，而生态环境破坏又导致自然资源更加匮乏的恶性循环状态发展，最终体现为人类生存质量的降低。

人口问题是全球最主要的社会问题之一，是众多社会问题的核心。人口增长导致资源相对短缺，并进一步引发生态环境破坏、战争、灾害、粮食短缺、犯罪率提高、就业压力大、文化水平降低、精神危机等问题。

人类发展所依赖的资源通常指自然资源，即能够产生经济价值和提高人类当前和未来福利的自然环境因素。如水、空气、阳光、土地、矿产、生物等。自然资源具有三个特点：一是有限性，二是区域性，三是整体性。按自然资源的增殖性能，可分为可再生资源和不可再生资源，可再生资源包括气候资源和生物资源等，不可再生资源包括地质矿产资源等再生周期漫长的资源。

环境问题多是指人类活动引起的次生环境问题，也叫第二环境问题和“公害”。环境问题一般又分为环境污染和环境破坏两大类。已被认识到的威胁人类生存的环境问题主要有：全球变暖、臭氧层破坏、酸雨、淡水资源危机、能源短缺、森林资源锐减、土地荒漠化、物种加速灭绝、垃圾成灾、有毒化学品污染、光污染等。

344

shēng guāng wū rǎn　　bái sè lā jī
声光污染，白色垃圾，
wēn shì qì tǐ　　huāng mò shā yì
温室气体，荒漠沙溢。

注释

污染：有害物质混入自然环境造成的破坏。
溢：充满而流出。

一个世纪以来，由于世界人口的增长，工农业生产的发展，加上战争和社会动乱，人类对自然界干预的规模和强度不断地扩大和深化。声光污染、白色垃圾、温室效应、荒漠化等使生态系统遭到破坏，森林覆盖面积缩小、草原退化、水资源枯竭，从而导致气候异常、自然灾害加剧，进而使生态系统更加脆弱地恶性循环，这种情况已经严重威胁到人类的生存。

在城市化发展中，频繁进行工程建设、汽车等交通工具的增加、森林减少等，使声音越来越高，噪声污染已成为仅次于大气污染和水污染的第三大公害，直接影响到人们的身体和精神健康。城市反光建筑增多、室外照明及各种装饰彩光造成白亮污染、人工白昼和彩光污染等光污染，使城市人群已经难以享受到静静的黑夜。人类已经发展到依靠塑料而生活的时代，但废弃的塑料制品却成为环境污染的主角，因此被称为“白色污染”。另外，人类排放的二氧化碳、水蒸气、制冷剂等越来越多，这些气体在大气层中类似于温室玻璃，它们让太阳辐射进入，却阻止其出去，使“温室”内空气加热，因此被称为“温室效应”。荒漠化是指包括气候和人类活动在内的种种因素造成的干旱、半干旱和亚湿润地区的土地退化。世界上超过35%的土地存在荒漠化，中国荒漠化面积已经接近30%，并有继续发展的趋势。北京每年的沙尘暴就是荒漠化的直接后果。

345

hé liú chán yuán　shēng mìng yuán dì

河流潺湲，生命源地，

shuǐ shǎo chéng shā　zhēng duān xīn qǐ

水少成沙，争端新起。

注释 潺湲：河水慢慢流淌的样子。

地球上的生命多来源于水，所以水被称为生命之源。随着人口的增加，全球很多地方正在面临严重的水资源匮乏危机。据联合国公布的数据，全球用水量在20世纪增加了6倍，其增长速度是人口增速的两倍。至2010年，地球上淡水资源总体充足，但由于分布不均、管理不善、环境变化及供水设施不足等原因，全球约有1/5的人无法获得安全的饮用水，40%的人缺乏基本卫生设施。在全球约500条大河中，超过半数严重枯竭。很多地区的农村和城市面临水资源匮乏的危机。到2050年，全球粮食需求将提高50%，因此需要更多的灌溉用水，而这部分用水已经占到全球人类淡水消耗的近70%。就城市而言，到2050年，城镇人口比例会超过2/3，从而造成城市用水需求激增。联合国估计，届时将有20亿城市人口缺乏清洁用水和卫生设施，这将严重威胁城市贫民的基本生存。另外，科学证据表明，全球大部分地区的水质正在下降，淡水物种和生态系统的多样性正在迅速衰退，其退化速度往往快于陆地和海洋生态系统。1/5的淡水鱼种群或濒临灭绝，或已经绝迹。人类用水增多，加之过多地建设工程拦截河流，使自然生态用水和下游水量减少，一方面加重荒漠化发展，另一方面因水而起的争端也越来越多，甚至已经有人预言未来战争将从争夺石油向争夺水源转变。

346

dì qiú xuè mài　jiāng zé hú qú
地球血脉，江泽湖渠，
jiǎn kòng wū rǎn　yǎng yuán jié qǔ
减控污染，养源节取。

【注释】 减控：减少，控制。
养源：保养好水资源储藏地。

江、河、淡水湖泊、沼泽、水渠、水库、池塘、水田地等水系在地球上输送、储存淡水资源，维持地球上的水圈循环，并为生态系统提供一定水量调节。同时江、河、淡水湖泊、水库、池塘等也为人类发展提供生活和工业、农业生产用水。所以，这些水系被称为“地球的血脉”。另外，上述水域与海岸带的珊瑚礁、滩涂、红树林、河口及陆地咸水湖等水域系统都位于陆生生态系统和海洋水生生态系统之间的过渡性地带，其表面都是常年或经常覆盖着水或充满了水，因此被统称为湿地。湿地拥有丰富的野生动植物资源；湿地可以调节水流，减少干旱和洪涝灾害；湿地可以调节气候；湿地具有生态净化作用，有“地球之肾”的美名；湿地还具有景观价值。湿地广泛分布于世界各地，是地球生态环境的重要组成部分，与森林、海洋一起并称为全球三大生态系统。但是，在人口爆炸和经济发展的双重压力下，20 世纪中后期，大量湿地遭到过度开发和污染，面积大幅度缩小，湿地生态系统和湿地物种受到严重破坏，并影响到整个生态系统。因此，减少水污染、扩大湿地面积、节约用水、恢复植被等是人类保护湿地资源的重要措施。国际《湿地公约》组织将每年 2 月 2 日定为世界湿地日。中国于 1992 年加入了国际《湿地公约》。

347

huà shí néng yuán，kū jié wú jǐ，
化石能源，枯竭无几，
fēng guāng shuǐ hé，shàn yòng shàn lì。
风光水核，善用善利。

注释
枯竭：干枯，断竭。
无几：没有多少，很少。

化石能源是由远古生物的化石沉积生成的天然能源，主要有煤炭、石油和天然气，是不可再生的一次性能源。化石能源的大量应用推动了人类社会的快速发展。所以，今天的世界经济是建立在化石能源基础上的一种经济。然而，化石能源将在21世纪上半叶接近枯竭。据预测，按照现在的使用量计算，石油大约在2050年左右枯竭；天然气将在2070年左右枯竭；煤的储量可以供应到2180年。这些化石能源与原料的中断，必将导致世界经济危机和冲突的加剧，最终葬送人类社会的发展。事实上，20世纪末以来，中东及海湾地区与非洲的战争都与化石能源的重新配置有关。这种军事冲突，今后还将更激烈、更频繁。

人类要生存发展下去，必须解决能源问题，并用可再生能源和原料全面取代化石能源。可再生能源主要有如下方面：太阳能的利用与开发、光能的开发、水氢能源、核能、潮汐发电、风力发电等。总之，可再生能源的利用潜力很大，可满足人类社会可持续发展的能源需求。但是对于核能来说，它既可以造福人类，也可以成为大规模杀伤性武器，对之如何利用是人类最值得反思的话题。

348

néng liàng jiāo huàn shěn měi lún lǐ
能量交换，审美伦理，
rén yǔ zì rán hé xié nán tí
人与自然，和谐难题。

【注释】审美：体会事物或艺术的美，这里是体会自然的美。
伦理：相互之间的道德准则。

人类是大自然众多环节中的一个环节，然而人类对于自然生态的和谐来说确实不如其他动物。因为其他动物几乎都是自然生态环境中的固定环节，有自己稳定的栖息地，为后续链条提供稳定的能量，是构成自然生态的稳定要素。而人类似乎游离于自然生态稳定链条之外，相对于自然生态环境链条而言，人类居无定所，自己建造的居所又多是以破坏生态为代价的。从这点来说，自然生态如缺少了人类这一环节，也许无关紧要，甚至会更加茂盛。然而，对人类而言，无论自认为有多么伟大，多么有思想，多么有创造能力，却是绝不能脱离自然而存在的，需要不断向自然索取来维系自身的延续。没有自然界的无私馈赠，人类衣食住行全无来源，也就没有生存延续的可能。所以，大自然是人类真正的母亲，人类只是自然的一个游子，从母亲身上获得能量，却时时不顾及母亲的感受，乱砍滥伐、乱掘乱采地胡乱破坏自然母亲的机体，发明了工业化而乱弃污毒物污染自然母体，贪婪地从自然母亲身上无休止地索取，甚至妄想要战胜自然，这种行为实在是有失天地审美与伦理。

德国伟大诗人歌德说："大自然从没犯过错误，犯错误的是人。"思想家恩格斯说："我们不要过分陶醉于我们对大自然的胜利，每一次胜利，自然界对我们都进行了报复。"我们应该感激、敬畏、亲近自然，是自然给了我们生命，也给了我们思想孕育和精神慰藉。

349

mín bāo wù yǔ, tiān rén hé yī,
民胞物与，天人合一，
zòng yù shī nì, zāi hài duō yì
纵欲施逆，灾害多异。

【注释】 纵欲：放纵欲望。
施逆：做相反的事。

“民胞物与”是北宋大哲学家张载提出的“天人合一”的理想人格论，这里的天就是大自然。张载曾在《西铭》中写道：“乾称父，坤称母。予兹藐焉，乃混然中处。故天地之塞，吾其体。天地之帅，吾其性。民吾同胞，物吾与也。”意思是：天好比是我的父亲，地好比是我的母亲，天地之间的阴阳二气构成了我的身体，我秉承了天地的仁爱本性，把人类看做自己的同胞，把万物看做自己的朋友。这种以大家庭中的伦理感情来处理天、地、人及万事万物的关系，把对同胞之爱扩展到对宇宙万物的爱，以宏大的气魄、广博的视野来审视宇宙人生的观点，对后人启发很大。

自然界中的一切生命体都与人类一样，是秉天地之气而生的，是大自然的产物。它们同样有自身存在的权利、价值和尊严。“民胞”传达了一种把人类都看做同胞的精神，如德兰修女终生都在为穷人中的穷人服务。我们奉行“民胞”，那么人类相残的战争就可以减少或避免。而感悟“物与”的精神，就会感慨大自然给予我们的衣食和舒适的生存环境，动物的善解人意，所有生物共同相守地球。如英国著名动物行为学家珍妮·古多尔博士在与黑猩猩生活11年后告诉我们，人与动物之间是可以互相了解、互相尊重、互相沟通的。人类如有悖“民胞物与”，就会失去对宇宙万物的友爱，就会冷漠无知地破坏自然界的和谐，从而导致众多自然界的异发现象，天灾常常是人类倒行逆施的后果。

350

xìn yù ruò huà, zì sī zì lì,
信誉弱化，自私自利，
jīng jì wēi jī, shì jiè bō jí.
经济危机，世界波及。

注释
信誉：信用和名声。
波及：牵扯到，影响到。

从19世纪二三十年代开始，近200年来大约每10年就要爆发一次经济危机。2007—2009年的环球金融危机，又称次贷危机、信用危机，虽然与全球经济危机相比影响面较小，但同样影响了全球经济的发展。这是一场在2007年8月9日开始浮现的金融危机。由于人们过度以抵押换取消费，而自身的还款能力又不足，最后导致资金链断裂，从美国开始引发了全球金融危机。危机中，即使多国中央银行多次向金融市场注入巨额资金，也无法阻止这场金融危机的加剧。2008年9月9日，这场金融危机开始失控，并导致多个大型金融机构倒闭或被政府接管。

经济危机产生的根源有很多种，如制度不够完美，人们不能在大量的经济信息中很好地把握准确信息，大的自然灾害对经济的影响，战争导致的经济问题等。但是，除自然灾害因素外，人类社会经济危机最原始的根源是人类无限膨胀的欲望和自私行为，并且表现得越来越明显。然而，金融危机或经济危机过后都有个恢复阶段，此时由于恢复的需要，会给社会提供一次技术和产品大调整的商业机会，如同身体得病后的恢复期需要各类营养品一样，使营养品的消费大幅增加。老子曾经说过："福兮祸所伏，祸兮福所倚。"经济危机过后，智者必将危机转变为商机。

351

quán qiú wèn tí rén wéi chéng jí
全球问题，人为成疾，
zhēng fú zhàn yǒu yì huà xīn lǐ
征服占有，异化心理。

【注释】

疾：病。

异化：本应是相同的东西变得不同。

粮食匮乏、生态危机、恐怖组织、核弹威胁、南北差距、东西关系、精神崩溃、价值危机等，是当今人类发展所共同面临的重要问题，这些问题产生的根源，在于人类自身的私欲，完全是人类自身行为导致的结果。据报道，2010年8月，著名物理学家史蒂芬·霍金在接受美国著名知识分子视频共享网站Big Think访谈时说："人类已经步入越来越危险的时期，我们已经历了多次事关生死的事件。由于人类基因中携带的'自私、贪婪'的遗传密码，人类对于地球的掠夺日盛，资源正在一点点耗尽，人类不能把所有的鸡蛋都放在一个篮子里。所以，不能将赌注放在一个星球上。"他认为地球将在200年内毁灭，而人类要想继续存活只有一条路可走，即移民外星球。面对现实，人类自私和贪婪的本性导致的占有欲和征服心理正把人类领上一条自我毁灭之路。为此，有世界著名专家希望建立全球伦理标准来解决人类的异化心理问题，建立起真正的国与国、宗教与宗教、民族与民族之间健康的对话机制，以达到人类长期健康生存的目的。

352

nán běi chā jù，dōng xī guān xì，
南北差距，东西关系，
liáng shí duǎn quē，shēng tài wěi mǐ。
粮食短缺，生态萎靡。

注释 萎靡：精神不振，这里指生态环境恶化。

南北差距问题主要是指发达国家与发展中国家之间的经济差距问题，也称为“贫富问题”。分布在北半球的欧洲和北美区域的国家多是经济发达国家，而非洲和南美洲等地区的国家则多属于经济落后或欠发达国家。所以，平均来看地球的北半球相对于南半球来说经济发达，这种差距也称为“南北差距”。

在地球的东西方向上，“二战”后以苏联为首的社会主义国家多数地处东半球，而以美国为首的资本主义国家多数地处西半球，这种状态一直持续到20世纪90年代。期间，两大集团形成明显的政治、军事对抗，在经济、哲学、文化、社会和政治立场方面严重对立。这种对立对信仰和意识形态的影响一直在延续。

据统计，自1990年至2010年，全球人口增长了10%，而粮食产量只增加了2.3%。据联合国测算，到2050年全球人口将增长到90亿，相应地，全球粮食产量必须提高50%以上才能满足人口增长的需求。另外，人口与粮食生产的不平衡导致粮食分配与消费不均，缺粮最严重的却是那些人口增长速度最快的国家。

生态危机已经威胁到全人类的生存与发展。并且生态危机一旦形成，在较长时期内将难以恢复。

353

jīng shén bēng kuì，jià zhí wēi jī，
精神崩溃，价值危机，
kǒng bù zǔ zhī，hé dàn biàn dì。
恐怖组织，核弹遍地。

【注释】崩溃：彻底破坏，完全垮掉。
危机：成败存亡的关头。

当今世界变化急剧，越来越多的人感到不堪重负，甚至濒于心理崩溃，这种精神危机已经成为21世纪初的世界性问题。崇尚经济，冷落人文；频繁的公共政策失误引发社会问题，导致贫富差距悬殊；信仰缺失使心灵迷失；环境恶化，自然灾害频发；人口增长迅速，就业艰难。种种原因使人们心气浮躁、情感焦虑、心理失衡、自我失落、人性降低，导致精神不安宁。

价值观指的是人们对周围事物的是非、善恶和重要性的评价。现代人类正面临着严重的价值危机：人与自然的关系越来越扭曲；膨胀的拜金主义伤害情感世界；人类的灵魂越来越空洞等。

2001年9月11日，美国四架民航飞机遭劫持，其中两架撞击了纽约世界贸易中心，两座塔楼相继坍塌，一架撞击了五角大楼，另一架坠毁，共造成3 000多人死亡或失踪。这次事件使恐怖组织在世界上成为关注焦点。之后，恐怖事件不断发生。

据统计，如果目前世界上各国拥有的核弹头总量的1/5发生爆炸，产生的烟尘足以包裹整个地球，使地球处于黑暗与严冬之中，地表水冻结，植物死亡，动物被饿死。人类也将因水、食物、阳光、清洁空气的缺乏和强辐射烧伤而饿死或病死。

354

niàn yī shì jì，shí dà kē jì，
廿一世纪，十大科技，
dì qiú wù zhì，shēng mìng tàn mì。
地球物质，生命探秘。

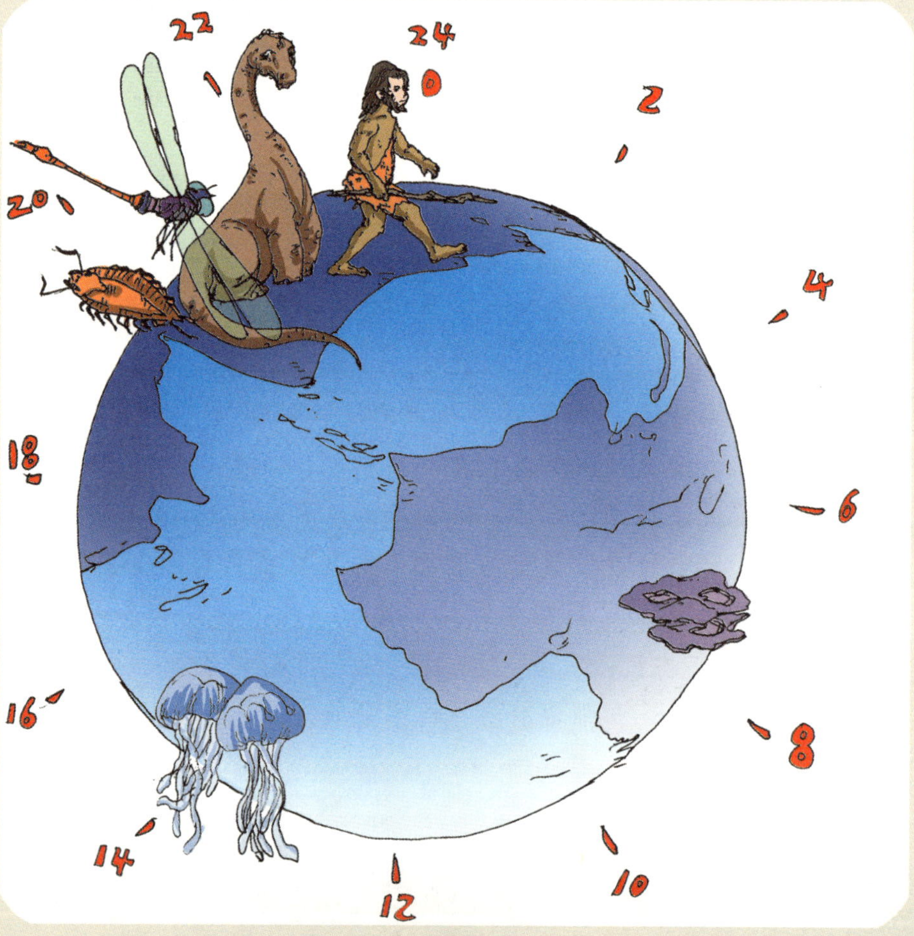

【注释】 廿：二十。
世纪：从耶稣诞生起，每一百年为一个世纪。

地球系统科学、物质科学、生命科学、生物科学技术、环保科学技术、认知神经科学、能源科学技术、材料科学技术、太空科学技术和信息科学技术是21世纪将对人类产生重大影响的十大科学技术。

地球系统科学是将地球结构、资源、生态和演变等作为一个整体来研究的科学，范围包括大气圈、水圈、陆圈（岩石圈、地幔、地核）和生物圈（包括人类）等，它将使人类更好地认识所赖以生存的环境，合理利用资源，更有效地防止与控制可能突发的灾变对人类造成的损害。在这个领域里，数字地球将成为21世纪地球系统科学的重要特征。

物质科学领域主要包括物理学和化学，大至宇宙、小至粒子，其研究将使人类进一步认识微观结构与相互作用规律以及宏观世界，对世界复杂性与宇宙起源等问题的认识也将发生巨大变化。它不仅是一切科学的基础，而且可以衍生出一系列新的技术原理，为材料与器件的研发提供新的知识基础。

生命科学是系统地研究与生命特性有关的重大课题的科学。未来生命科学领域将对生命的起源有更深层次的探知，跨越以前物理世界与生命世界不可逾越的鸿沟，使之统一起来。比尔·盖茨曾预言："下一个超过我的世界首富一定出自基因生物领域。"

355

shēng wù huán bǎo shén jīng rèn zhī
生物环保，神经认知，
néng yuán cái liào tài kōng xìn xī
能源材料，太空信息。

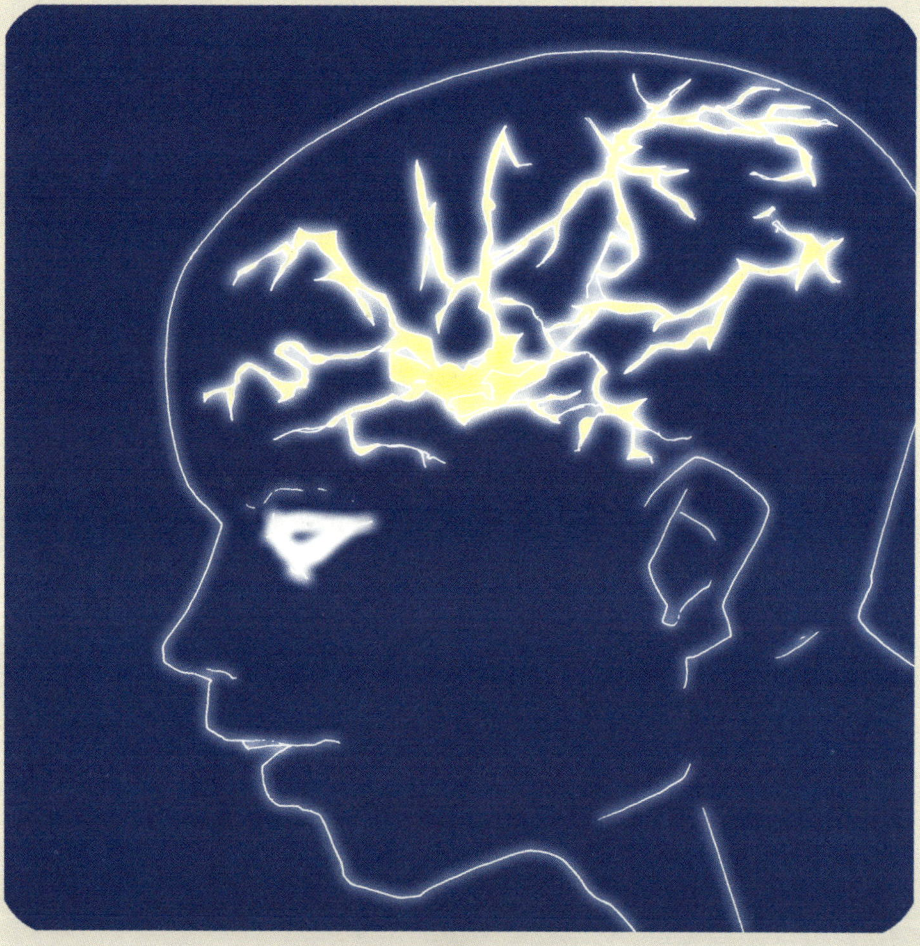

注释 认知：认识，理解。

生物技术的未来发展是最令人难以预料的，基因技术可灵活应用于生物体，使疾病得到有效控制等。但是也可能会使人类社会乃至相关的生态系统发生本质性改变，甚至模糊生物边界，带来新的疾病。在环保技术领域中，全球生态环境预警系统、管理系统的建立，退化生态系统的修复，外来物种的生态安全对策，生物与新材料环保技术，清洁水质管理等，都是未来环保的重要课题。认知神经领域是一门研究人类心智奥秘的高度交叉综合学科。“人类脑计划”已经成为国际性合作研究项目，人类将在脑科学和认知神经科学研究的计算、语言、控制、视觉及成像等问题上取得突破性进展。

在能源科学和技术领域，生产可再生的清洁能源将是21世纪能源科学主要发展方向之一，能源供给将呈多样化发展趋势，彻底改变人类依赖化石燃料的现状。纳米和原子级别的研究将改变材料性能，开发出超强、超柔、超细、超薄、超轻等新型材料。在太空方面，人类将深入地研究太阳系，重返月球，考察火星，并主要在火星、土星等天体上探索地外生命现象。同时也不断地把目光伸向宇宙的最深处，以探求暗物质、反物质、黑洞及宇宙起源。在信息技术领域，将会出现微电子向高集成度、高速度、低功耗方向发展，计算机向超高速、小型化、并行处理、智能化、生物化方向发展，通信技术向光纤化、综合化方向发展。

356

kē xué qián yán sì dà nán tí
科学前沿，四大难题，
dài dài tàn suǒ ào mì dài qǐ
代代探索，奥秘待启。

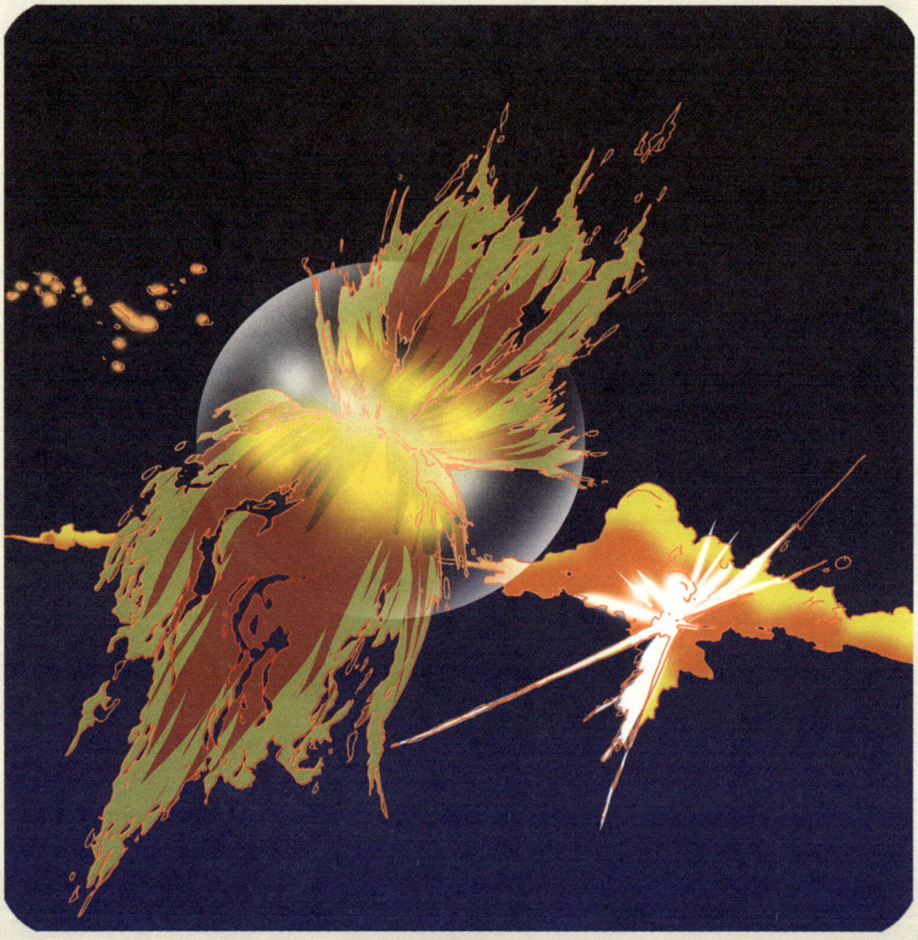

【注释】 前沿：处于领先地位的学科。

物质的本质是什么？生命是如何产生的？宇宙演化的过程是什么？自我意识是什么？这些是科学研究前沿中四个主要难题，也是从古至今人类一直在探求的问题。

人类从蛮荒走到今天的文明社会，每一步都是探索的过程，也是一个个奥秘不断被发现、被揭示的过程。从钻木取火到化石能源的开采，从树皮当衣到化纤纺织，从黑色火药到核弹爆炸，从赤脚奔跑到高速火车、飞机交通等，人类科学探索的能力似乎已经很强，各类科学难题好像都会逐步被解答出来。然而，世界上最本质和最原始的内容其实一直都处于人类未知之中，如科学前沿的四个问题，从宇宙或生命诞生之时起就是谜，至今也没什么大的突破；关于物质本质问题，代代科学家追究到今天的粒子，却仍然被迷惑着；关于宇宙演化问题，2 500 年前的老子就说宇宙是从无中产生的，现在科学家知道的亦不过如此。可见，对于人类的一系列科学发现与创造，追究根本，只不过是在一头肥壮的野牛身上研究了几根牛毛而已。但也就是这几根牛毛，已经给予人类莫大的欣喜，这就是探索的乐趣。

357

wù zhì běn yuán，shēng mìng shén qí，
物质本原，生命神奇，
yǔ zhòu yǎn huà，yì shí shì mí。
宇宙演化，意识释谜。

注释

演化：演变，进化。

释：揭示。

我们生活的这个五彩缤纷的物质世界是由什么构成的？古希腊的科学和哲学鼻祖泰勒斯认为水是世界的本原，同为古希腊哲学家的赫拉克利特则认为万物的始基是火。而古代中国“五行说”认为“以土与金木水火杂，以成百物”。19 世纪末 20 世纪初，科学家们发现物质是由基本粒子组成的，现在统称为粒子，但这些粒子却飘忽不定。

生命是如何产生的？科学家及宗教等提出了许多学说，如化学起源说、特创论、无生源论、生源论和宇宙胚种论等。在这些假说中，人们最为普遍认同的是化学起源说，又称为化学进化论，它是随着达尔文的《物种起源》一书的问世而产生的。但有关生命起源的许多细节依然难以解释，关于生命产生的奥秘，人类仍在继续探索。

虽然人们已经普遍认为宇宙是约 140 亿年前由“大爆炸”开始，演化到今天的状态，然而，科学家们说我们能够看见的所有天体的重量只是宇宙总重量的 1/10，还有 9/10 的宇宙重量仍然是个谜，科学家们称这些不知道的东西为“暗物质”和“暗能量”。

人不仅有肉体结构，还拥有意识，也就是心灵。所以克隆出来的人与他原形的思想、心理可能是完全不同的。那么，人类的意识到底是什么东西呢？

358

zhōng jí zhī dì, péng pài zhī jì,
终极之地，澎湃之寂，
kōng wú zhī yǒu, qióng jiě bù jí.
空无之有，穷解不及。

注释

终极：最后，最终。
澎湃：气势雄伟，声势浩大。
寂：无声。

科学家说，我们的一切都起源于约140亿年前的一次宇宙大爆炸，是空无产生了宇宙，构成了我们的一切。爆炸前的终极一点就是空无。看来这空无真是一个伟大而又丰富的母亲，孕育出宇宙万物。这空无一点，一定极富能量，澎湃至极。1905年爱因斯坦提出了质能转换公式：$E=mc^2$。这个令人难以置信的理论说：一个看得见的东西和通常看不见的能量可以相互转化。这听着真是太新鲜了！然而科学家们已经发现，我们所谓的真空，其实无时无刻不在沸腾着，到处都有神秘的能量产生，如幽灵般忽隐忽现的粒子迅速变化。真空不断散发出的能量，已被一些科学家设想为未来可利用的真空能。现实中，科学家们按照质能转换原理，真的从能量中获得了物质，斯坦福直线加速器中心的一些科学家已经从光中获得了粒子，使能量转变为物质，真神奇！

空无也体现在艺术上，在绘画上有留白，可空出无限的意境；在音乐上有停顿，更有“此时无声胜有声”，使人激情无限；管理上也有一种空杯心态，励志从头再来。数学上的“0”，代表一种无，然而这个“无”却是所有的基础。看来，空无真是一种至高无上的境界，空无催生万物，空无也净化人的心灵。虽然，人们难以进入空无之地，但是空无却给了我们无限的渴望与惊奇！人们不断向空无探寻，却永远也探不到底。

359

jīn róng dà è suǒ luó sī yù
金融大鳄，索罗斯誉，
sēn lín mù yáng jī jīn móu lì
森林牧羊，基金谋利。

【注释】大鳄：比喻实力强或势力大的人或事物。

乔治·索罗斯，著名货币投机家、股票投资者、慈善家。1930年，索罗斯出生在布达佩斯一个富裕的犹太家庭。1944年，由于纳粹对布达佩斯的侵略，索罗斯随全家逃亡。1947年，索罗斯来到伯尔尼，后又去了伦敦，靠打零工赚钱。1949年，索罗斯考入伦敦经济学院，选修了1977年诺贝尔经济学奖获得者约翰·米德的课程，但自认为收获不大，大学最后一年他专注于英国哲学家卡尔·波普的"开放社会"理论。毕业后，他曾销售手提袋，后来到了金融中心纽约。1973年创建基金管理公司，自任交易员。1979年，索罗斯将公司更名为"量子基金"，名称源于海森伯格量子力学的测不准定律，因为他认为证券市场就像微粒子的量子一样不确定。他以"反射理论"和"大起大落理论"为基础，信奉弱肉强食的"森林法则"，利用"羊群效应"在市场转折处进出，获得高额利润，让所有的投资家望尘莫及。1992年，他袭击英镑，净赚10亿美元，被称为"打垮了英格兰银行的人"，荣登《金融世界》杂志的华尔街收入排名表榜首。1997年，索罗斯制造东南亚金融危机，赚了百亿美元，人们称其为"金融大鳄"。在40多年中，量子基金平均每年回报率达20%。索罗斯认为，他在职业生涯的前期完全没有用到大学里的知识，中后期主要运用在大学中自己培养起来的哲学思维，他不相信现代金融学。在30多年慈善活动中，索罗斯共捐出约80亿美元以促进民主和言论自由、改善教育、消灭贫困。

360

xīn xíng jīng jì, qián cáng shāng jī,
新型经济，潜藏商机，

bǐ ěr gài cí, cái fù qí jì.
比尔盖茨，财富奇迹。

【注释】潜藏：隐藏。
商机：商业机会。

新型经济也称为新经济，核心是指知识经济和网络经济，以及经济全球化和技术创新能力等因素带来的经济活动和利益。知识经济和网络经济是指区别于以前的以传统工业为主要产业、依靠自然资源消耗，而以高技术产业为主，依靠智力资源的经济，也是人类经济发展史中前所未有的科技型、创新型经济。在这样一个全球新经济时代，商业机会潜力巨大，把握得当可以快速成为财富人物，其典型代表是比尔·盖茨。

比尔·盖茨是20世纪最伟大的IT行业巨人。他出生于美国西雅图，父亲为律师，母亲是教师。盖茨从少年时代就热衷于电脑游戏，富于想象力。13岁开始编程。1973年进入哈佛大学法律系学习，19岁时退学与同伴保罗·艾伦创办电脑公司，后来创办了微软公司，自任董事长、总裁兼首席执行官，开发出Windows系统。他36岁时成为世界上最年轻的亿万富翁，个人资产净值最高达600亿美元。到2010年，微软全球雇员总数近10万人。盖茨已决定将不留一分钱给他的后代，在遗嘱中宣布拿出98%捐给以他和妻子名字命名的“比尔和梅琳达基金会”，这笔钱将用于研究艾滋病和疟疾的疫苗，并为世界贫穷国家提供援助。2007年盖茨获得哈佛大学荣誉法学博士学位。

361

píng guǒ diàn nǎo　gǔ gē xìn xī
苹果电脑，谷歌信息，

yī dài
FACEBOOK，一代IT。

【注释】 IT：信息技术 Information Technology 的缩写，同互联网技术 Internet Technology 的缩写。

全球流行的 iPad、iPhone 数字产品出自苹果公司，其创建者是史蒂夫·乔布斯。他高中毕业后只读了一个学期的大学，之后从事设计电脑游戏的工作。1976 年，21 岁的乔布斯和朋友在车库里成立了苹果电脑公司，开始了自己的创业历程，最终成为 IT 业的标志性人物。2011 年 8 月初，苹果公司市值约 3 371 亿美元，成为全球第一大上市公司。

谷歌（Google）创始人拉里·佩奇和谢尔盖·布林在斯坦福大学的学生宿舍内共同开发了全新的在线搜索引擎，然后迅速传播给全球的信息搜索者。Google 目前被公认为是全球规模最大的搜索引擎，它提供了简单易用的免费服务，而靠广告点击率获得巨额回报。

Facebook 是一个社交网络站点，中文译为“脸谱网”。它于 2004 年 2 月由哈佛学生马克·扎克伯格创建。最初，网站的注册仅限于哈佛学院的学生。2006 年向所有用户开放，至 2007 年 9 月已经达到 3 500 万用户。2010 年，马克以 69 亿美元的身价成为《福布斯》首位年轻亿万富翁，被《时代杂志》评选为年度风云人物。

362

duō yuán shì yě，zì yóu dú lì，
多元视野，自由独立，

gé wù zhì zhī，dāng dài jiào yù。
格物致知，当代教育。

注释

多元：多个，此处指多种角度。
格：追究。

中国现代最负盛名的历史学家、古典文学研究家、语言学家陈寅恪先生主张：治学要有“自由之思想，独立之精神”，即只有没被束缚的思想，才会有伟大的灵感；只有独立的治学精神，才能有不被歪曲的逻辑，才能真正认识事物的本质。我国东周时期，几乎一城一国家，君王们自顾兼并占领，平民往来各国比较自由，思想也无拘无束，所以产生了众多思想家。后来虽然《礼记·大学》提出，想治好天下者需先“致知”，而“致知在格物”。这里的“格物”就是推究事物的本质，就是求真。然而，在以后的2 000多年里，中国真正具有思想自由与精神独立的时间并不多，很少能达到“格物”或求真，因此很少有发明创造。我们所学的几何、代数、物理、化学的定理、公式等这些几千年来全人类的科学发现，以及科学试验方法，都没有中国人的份，因此中国到清朝末期完全走入衰败。

求学者必须有独立的人格与思维，才能培育和发挥非凡的想象力和悟性，进而具有洞察力和批判精神，发展创造性思维。在全球化大背景下的今天，我们比以往任何时候都容易获得俯视人类发展的机会。因此，当代教育在自由独立、求真求实的基础上，增加了一个多元文化审视的视角，这也是未来教育成功的一个重要条件。

363

fēn kē bié jì tiān dào wéi yī
分科别技，天道为一，
qiú tóng cún yì sī biàn mù dì
求同存异，思辨目的。

注释 别：分离，分解。

我们把学习的内容分为众多科目，如语文、数学、物理、化学、生物、自然、地理、美术、音乐等。在中国到高中时期学生就要被分成文科学生或理科学生。这样学生在受教育过程中就过早形成了学科之分和文理之分的意识，文科学生认为理科对自己不重要，理科学生认为文科对自己不重要。在大学阶段，往往会出现理科缺乏人文精神，文科不通事物原理和逻辑，艺术多在外表难求本真的现象。这种现象是教育本质的缺失，难以达到精英教育的目标。其实，即使学术分科，但各学科都有互通的基础，其本质是统一的，这就是具备真、善、美的品质，科学求真、艺术唯美、人文为善。在这里，真是基础，因为真才美，而善以真为本，“真、善、美”是所有科目共有的内涵，是教育的核心，分科仅是“和而不同”。所以，科学精神、艺术品质和人文修养三个方面是一个追求成功的人所应具备的最基本素质。现实中，所有取得辉煌成就的大家人物，都具有学科融合能力，当今诺贝尔科学奖获得者的成果，也多是在学科交叉处取得突破。古代因单一学科突进程度较弱，学者普遍融通性强，通才云集。而今天，学科发展深入，思想融合时间被挤压，我们更应在基础教育阶段增强通识性教育，并在互通中培育思辨能力，进而增强在学科上的创造性。

364

xiān míng jìn kǎo　dìng lǜ xū yí
先明尽考，定律需疑，
zhì zhōu zhěng tǐ　dòng xī háo lí
智周整体，洞悉毫厘。

【注释】考：考察，学习。　定律：被认为是正确的科学论断。智周：用渊博的知识审视。　洞悉：清楚透彻地知道。毫厘：极小数量，这里指极小问题。

任何作出伟大发明、创造的科学家和艺术家，都是站在前人的肩膀上，即发明与创造是一个在前人发现与创造的基础上，再发现、再创造的过程。因此，尽可能详尽地考察和了解前人的经验、理论，甚至探究成功者的发展之路，对自己未来的发展和创造非常重要。牛顿说过一句话："我之所以看得比别人更远些，是因为我站在巨人的肩膀上。"作为近代科学最后一位巨人和集大成者，牛顿以博大而深邃的智慧同时在天文学、数学、物理学等领域取得了非凡成就。然而，虽然牛顿与胡克这两个伟大的冤家在万有引力和光的波粒二象性方面反目成仇，但不可否认的是，无论"站在巨人肩膀上"是对胡克的反讥还是真正的谦辞，胡克在色彩复合及引力方面确实对牛顿起到重要提示作用。再看看现代科学巨人爱因斯坦，他执着而认真地阅读已被权威冷落了的普朗克论文，并在悠扬的小提琴乐曲中沉思光和电，终于碰出了灵感，他所提出的光子论和光电效应，烈如闪电划破长空。牛顿正是透视了整个力学、光学、数学体系，才有他那神奇的1666年大突破；而身为伯尔尼瑞士专利局小职员的爱因斯坦，也正是不断用目光横扫物理学，质疑神圣的麦克斯韦理论，才开启了一个神奇的1905年。探究整体，才能洞悉问题的关键所在，勇于质疑，才能有所突破，这是成功发现者的重要品质。

365

wú zhōng shēng yǒu， xiǎng xiàng chuàng yì，
无中生有，想象创意，
tā shān zhī shí， kě yǐ gōng yù。
它山之石，可以攻玉。

注释

创意：创造的新意。

攻玉：磨砺玉石。

成语“无中生有”出自《道德经》第四十章“天下万物生于有，有生于无”，揭示了万物的有与无相互依存、相互变化的规律。现实中，除了不诚信的谎言外，对客观世界“无中生有”的最权威解释便是来自天体物理学和粒子物理学方面了。宇宙大爆炸及微粒的产生等给了我们最惊诧的提示：有时无中生有是必然的，并且可能会带来巨大的创造。人的创意灵感本身也是无中生有，因为在创意灵感出现之前，你确实对灵感产生的明确思绪一无所知。但是，物质的天体或微粒及意识上的创意灵感从无中产生都有一个内在的积蓄，这种积蓄对于物质来说就是能量，对于灵感来说就是目的。因此，有积蓄的灵感才是明确的、确定的。比如，我们渴望学习成绩好，希望从无中生出优秀该多好啊，但如果我们不在学习中积蓄，这样的无中生有就是无法实现的梦想了。

灵感是创造的前提。但看似凭空产生的灵感多是从其他存在中借鉴得到的，即“它山之石，可以攻玉”。这似乎很像陆游告诫自己孩子的“汝果欲学诗，功夫在诗外”一样。所以，灵感就是通识感，会通的人更易于涌现灵感。爱迪生说：“天才就是1%的灵感加上99%的汗水。”试想，如果没有1%的灵感，那99%的汗水可能就要白白流淌了，多可惜！

366

yǔ tiān hé qì，yǔ dì hé lǐ，
与天合气，与地合理，
yǔ rén hé qíng，běn yuán guī lǜ。
与人合情，本原规律。

【注释】本原：万物的最初根源。

艺术家追求与天合气，与地合理，与人合情，达到天授境界才是最高境界。如李白被后人称为“天授奇才”，贝多芬也说：“进入心灵的艺术来自上天。”清代著名画家石涛说：“天能授人以画”，“大知而大授，小知而小授也”。这里的“天”不仅仅是我们仰望的天空，“天授”也不是指天生就具有的本能。而是人类在其所生存的自然中，不断学习、理解和感悟自然，并在对自然的感悟中使心灵融入宇宙，在天地的生生变化中得到艺术境界的升华，得到天授。所以，自然是培育人类美好情感的良师。科学家同样是在领悟自然中追求科学精神和科学美，并在对自然美的艺术感受中提高精神境界，充分调动想象和形象思维，提高创造性。所以，大凡在科学上有重大创新的科学家，都有很高的艺术修养。如普朗克和爱因斯坦，这两个摧毁经典物理大厦奠定现代物理学的巨匠，一个差点成为音乐家，一个是优秀的小提琴手。而李政道对国画、书法、京剧等爱好倍加。所以，师法自然是艺术与科学共同的真谛。

艺术家以事物本质点燃艺术创作的激情，科学家以艺术灵感丰富科学探索的思维，天地的大美把科学和艺术联系在一起。

367

qí sī wéi zhēn, dà kuài mǔ yí,
奇思唯真，大块母仪，
zhāng yáng gè xìng, yuán chuàng dì yī
张扬个性，原创第一。

【注释】大块：大自然。
母仪：指母亲的仪范。

爱因斯坦说："想象力比知识更重要。因为知识是有限的，而想象力概括着世界的一切，推动着进步，而且是知识进化的源泉。"想象力是一种思维活动过程。获得1981年诺贝尔医学奖的美国加州理工学院斯佩里博士研究发现，人的思维主要有两种，一种是以左脑为主的逻辑思维，一种是以右脑为主的形象思维，并且右脑的记忆力是左脑的100万倍。数学等自然科学类多与逻辑思维有关，而文学艺术多与形象思维有关。形象思维是无限的，这就是想象力。对于发明创造而言，往往需要打破原有的束缚，充分发挥形象思维才可以达到。所以，我们看到在科学技术领域取得大成就的大师人物，他们本身的艺术气质也很突出。对教育而言，过于强调逻辑思维很可能会压抑形象思维的培养，远离创造能力。

学院化的歌声不如原生态的纯真、悦耳，人工雕琢远比不上大自然的鬼斧神工。自然是一切艺术的母体，任何艺术都来源于对自然的感悟。自然界的原生态最本分、最厚重、最富有活力，人的心灵一旦与自然相沟通，就会荡起无限的激情与波澜，激发出创造的能量。所以，在发展自己的过程中，我们应珍视朴素的个性和原始的创作灵感。

368

qiū shuǐ wén zhāng cái guàn hóng bǐ
秋水文章，才冠鸿笔，
měi wén jī zhù qíng zhì shì jǐ
美文机杼，情志是脊。

【注释】

秋水文章：文章如秋水般清净。
才冠鸿笔：才华横溢，文笔大气。
机杼：原指织布机，杼为梭，此处比喻诗文创作中的新巧构思和布局。

最美妙的文章不在于一词一句的艳丽，而在于能够完美地写出作者的内心感悟和被赋予真情。因此有好文章是“以我手写我心”、“真情是文章的灵魂”之说。由于人的内心感悟与情志培育有关，情志丰富的人感悟也宽泛、深刻，而情志贫乏的人感悟也肤浅。所以，情志的培养是写出好文章的基础。如《尚书·舜典》对诗的评价为“在心为志，发言为诗”，说明内心的情感就是志，用语言将这些情感表达出来就可以成诗。我国古代南北朝梁刘勰所著的《文心雕龙》，在论述美文写作的同时指出要“为情而造文”，通篇强调情志在写作中的重要性。在对赋文的论述中指出“原夫登高之旨，盖睹物兴情”。所谓的登高能赋，就是看见了外界事物就可以引发内心的感情；在论述作家性格与作品时说“吐纳英华，莫非性情”、“辞为肤叶，志实骨髓”，即作品的文采是由作家的性情来决定的，作品的言辞就如同人的皮肤，而作者的情志才是作品的精髓；在论述风骨和文采的关系上有“意气骏爽，则文风清焉”，意为作品基调昂扬，情感奔放，那么文风便形成了。可见，情趣深远才可以将事物、心理描绘得巧妙，而将情志与事物相融合可生灵魂。美妙文章必含情志，杜甫倾情社会成诗圣，而李白溢情自然为诗仙。

369

shù xué zhī měi，duì chèn qí yì，
数学之美，对称奇异，
shì qiú jiǎn jié，luó ji yán mì。
式求简捷，逻辑严密。

【注释】对称：指图形或物体相对的两边各部分一一对应。
奇异：奇特，特别。　逻辑：既有的规律。

古希腊数学家普洛克拉斯说："哪里有数，哪里就有美。"数学是数字的科学，同样具有科学的美感。数学美主要体现在简洁、和谐与对称上。著名数学家丘成桐说："数学的文采，表现于简洁，寥寥数语，便能道出不同现象的法则，甚至在自然界中发挥作用，这是数学优雅美丽的地方。"如老子所言："道生一，一生二，二生三，三生万物。"只用几个数字就能十分简洁地道出宇宙万物的本源问题。古希腊数学家、哲学家毕达哥拉斯的名言是："万物皆数。"他甚至将朋友间的亲密用220和284两个数字来表达，因为220和284各自真因子之和就是对方。数学的美还表现在和谐的比例、优美的曲线或图形上，能给人以强烈的形式美的享受。内涵深刻的数学往往在形式上简单得出奇，比如牛顿第二运动定律（$\sum F=ma$）、爱因斯坦质能公式（$E=mc^2$）等，一个简式便可"笼天地于形内，挫万物于笔端"，真是大法不繁！

罗丹说："自然总是美的。"伽利略宣称："自然这本书是用数学语言写成的。"物理学家狄拉克也说："上帝使用了美丽的数学来创造这个世界！"正因为数学美，所以她迷人；正因为她迷人，所以吸引着许多数学家终生孜孜不倦、苦心孤诣地为她而献身。也正因为数学存美，很多伟大的数学家，以文学、音乐来培养自己的气质，追思数学的本源，以达到高超的意境。

370

yì shù zào jí, xīn líng tōng qú,
艺术造极，心灵通衢，
xià dá rén xìng, shàng jiē tiān yǔ.
下达人性，上接天宇。

【注释】造极：到达最高点，比喻达到最高境界或成就。
通衢：四通八达。

著名的艺术大师们的作品都是对心灵感悟的描述，大师们在创作中会进入一种忘我状态，融入自然情境之中，畅游在天地间，而不是简单的模仿。所以优秀的绘画作品不在于外表的相像，而在于神似或内心意境的表达。这就需要我们对所要表达的对象有一种更高深层次的认识，建立起自己心灵与表达对象沟通的情感。我们平常所见的一棵普通的树、一朵小花、一块普通的石头都会有它们存在和表达自己的理由，艺术家就是要培养自己对它们存在的感悟和对它们存在美的发现。所以，提高自己的艺术欣赏和表达水平，就要不断地深入和提升对万事万物的理解与认识，亲近自然，使自己的心灵与天地、自然融为一体，建立起心灵沟通。如梵高对色彩的深情，贝多芬静静聆听屋后石板路上的马蹄声对他音乐情感的启迪等。与天地、自然的沟通，也就是对本真的追求，本真才能产生大美。自然界展示给人类的没有丝毫欺骗成分，但是天地自然的真谛，也不是随随便便就可以寻找到的，需要一颗真诚的心灵去发现。

伟大的艺术家，其心灵无不是上通天宇、下达人性，这样才能达到对自然生命精神和人性生命精神的和谐的理解，从而启迪灵感，文思泉涌，激情无限。

371

dà yǔ xiōng huái rén lèi xīn xì

大宇胸怀，人类心系，

dà jiā fēng fàn qì guàn tiān dì

大家风范，气贯天地。

【注释】大宇：宇宙。　心系：心中惦记，挂念。
贯：穿过。

人类社会的发展变化，与每个人的工作都有关，对于大多数人而言，很难分辨一个人对社会发展所做贡献的大小。但是对于一小部分人，如获得诺贝尔奖的大科学家、促进社会进步的改革家等，他们在社会发展的关键阶段或在某一领域发挥了别人难以发挥的作用，这些人对社会的贡献明显突出，被公认为是大家人物。这些人一般都有极强的个性和一颗胸怀天下、不为眼前利益所诱惑的大爱之心。在个性方面，凡做大事的人相比于他人，几乎都有极强的好奇心和求真精神，这种好奇心和求真精神会时时唤起他们对社会、对世界，乃至对宇宙的追问与思考，使他们胸怀博大、志向高远。另外，因他们具有求真精神，在对待事物上会爱憎分明，如此常常就会被他人认为个性很强。而在对待生活上，他们或积极乐观，或不拘小节，无暇拘泥于现实生活中的琐碎，而进入求索的境界。如美丽的居里夫人，两次获得诺贝尔奖，获得100多个名誉头衔，然而她却平淡得出奇，不为自己的美貌和美誉所累，一如既往地投入科研事业，尤显超形脱俗。大家人物思想极其丰富，却可能是最谦逊的人物，可谓大音无声，大象无形，气贯天地。

372

xī fāng zhé xué xī là qǐ yuán
西方哲学，希腊起源，
zhuī wèn zì rán kē xué tàn xiǎn
追问自然，科学探险。

【注释】哲学：是一门运用智慧进行思考和思辨的学问，无精确定义。

人类的创造本性决定了人既需要知识，也需要思想，而且思想具有更为重要的价值。人通过哲学不断唤醒、开发、提升人性的自我意识，这就是哲学的本性，也是哲学的基本功能。所以说哲学是聪明人的学问。古希腊哲学是西方哲学的主要源头之一，并且是一种典型的“自然哲学”，哲学与科学都体现为“爱智”，那些伟大的哲学家几乎都精通数学和天文（天体物理）等自然科学。如毕达哥拉斯、柏拉图、欧几里得等，他们都具有良好的自然科学修养和严密的逻辑思维。西方自然哲学这一传统一直影响到今天的西方世界。所以，今天欧美等国很多的自然科学学科博士，被授予的都是哲学博士学位。可见，西方哲学与自然科学是密切联系在一起的，是不可分割的。因此，西方著名的科学家们，在自然科学方面取得伟大成就的同时，都具有哲学内涵。而在未知领域探索中，当科学不够用时，哲学思辨会给科学提供思维导向，触发灵感，建立新的逻辑思维。因此，西方科学具有良好的求异传统，思维奔放，蕴含着丰富的想象力和挑战权威的胆识，具有科学探险精神。如几何、代数、物理、化学的定理、公式等这些几千年来全人类的科学发现和基本原理，几乎都是西方科学家和哲学家的成就。中国在这方面的贡献相对较弱。

373

xīng kōng míng huì, zōng jiào qíng gǎn,
星空明慧，宗教情感，
zhēn lǐ jiǎn yuē, dà fǎ bù fán.
真理简约，大法不繁。

【注释】简约：简洁而精致。
大法：最有用、内涵最丰富的法则或事物。

浩瀚宇宙中深藏的美丽与奥秘，总是为我们带来无穷无尽的遐想。那深邃而星光璀璨的穹庐，足以让我们的心灵震撼，日出月落、昼夜晨昏、银河横贯，总会让人思绪连篇。勤于思考的人仰望星空时会充满热爱和敬畏之情，引发无限的思索，寻求生命的真谛。而这种对真理不尽的思索和追求，又会不断地点燃智慧，丰富情感。所以，真正体会星空深远奥妙的人，一定具有爱心和积极探索的创新精神。因此，德国哲学家黑格尔说，一个民族有一些关注天空的人，他们才有希望；一个民族只是关心脚下的事情，那是没有未来的。国务院总理温家宝于2007年发表了一篇发人深省的诗歌《仰望星空》，诗中深情地歌颂了星空的辽阔和深邃，庄严和圣洁，宁静和壮丽。而这种对宇宙的关注与思索，必然会把人引向哲学沉思和对真理的渴望。爱因斯坦把这种渴望称作宇宙宗教情感，认为是科学研究最强有力、最高尚的动机。宇宙浩瀚，但给予人类的真理却是和谐而简单的，并且越简单越深奥，所以说大法不繁。最简单的是“0”，是“空无”，却体现出无穷无尽的奥义；而爱因斯坦的质能方程、三角形的稳定性、1+1=2等也是如此。所以，真理出于简单却归于深奥。

374

zhōng guó zhé xué，rú jiā tū xiǎn，
中国哲学，儒家凸显，
zhòng zhèng qīng kē，zūn shèng cóng yán。
重政轻科，尊圣从言。

注释

尊圣：敬重、推崇君王。

从言：遵从、听从言论。

中国哲学起源于春秋时期的儒、道、墨、法、名、阴阳等学派，由于当时处于诸国竞争、霸业纷更的社会状态，国君渴求治国良策，平民学者发表一些治国见解就可能会走上某个国家高层管理的职位。所以，这些学派的哲学著作中绝大多数都表现出强烈的参政色彩。后来儒家思想因与皇权统治意愿相吻合，在两千多年的中国历史发展中成为文化主流，因此儒家哲学也成为中国哲学的主体，使中国哲学重政治谋略，重人际关系，重道德修养，尊圣敬君而约束自我。所以，有人归纳说中国哲学是一种“处世哲学”，依附政治而轻视自然科学。中国哲学家信奉“德行即知识”，而西方苏格拉底却主张“知识即德行”。因此，以儒家为主流的中国哲学的视角与西方哲学的仰望星空不同，主要聚焦在人上。中国哲学追求人的思想的“守一”和“齐一”，遵从圣人言，并以圣人和君王言论为是非判断的唯一标准，读书人难有独立的人格与思维，从而扼杀了批判精神，缺乏非凡的想象力、洞察力和悟性，抑制了创造性思维的发展。而西方哲学却在广阔无垠的天地间探询，视角宽泛，洞悉深远，有利于思想自由驰骋。可见，中国哲学与西方哲学从开始就分道扬镳，也与科学分家而立。现代自然科学的产生所需要的那种启发性的自然淳朴因素，正是中国儒家主流哲学所缺少的。

375

sì xiàng fā míng jì shù lǐng xiān
四项发明，技术领先，
kē jì wèi lái qǔ cháng bì duǎn
科技未来，取长避短。

注释

技术：经验与操作技巧。

科技：科学和技术，科学指自然、社会和思维的知识体系。

最早由英国汉学家李约瑟博士提出的中国四大发明，是指中国古代的造纸术、指南针、火药和活字印刷术。这一说法被后来许多中国历史学家所继承，他们认为这四项发明对世界文明的发展作出了重大贡献。然而客观来看，这四项发明都是技术发现，而不是科学创造。如火药的发现是在求长生不老药炼丹的过程中错炼出来的，指南针和活字印刷都是在几千年的不断应用中改进出来的，造纸是技术改良和试验的结果，这些都属于实用技术，没有深入物理原理或化学分子层面，也没有上升到科学创造层面。所以，四大发明明显属于技术领先，而科学创造的因素较少。但是，当中国发明的火药传入西方后，西方人将研究深入火药的分子成分和构成，其中最典型的是化学家诺贝尔，他遵循化学原理研究发明出威力更大、更安全的炸药，如此才有了今天人类最伟大的奖项——诺贝尔奖。由此可见，未来中国的发展，一定要加强发展科学求真的思想，培育创造性思维。否则，即使暂时有领先的技术，若干年后也要落后。所以，《资本论》作者马克思说“科学技术是生产力”。而中国改革开放总设计师邓小平进一步强调说：“科学技术是第一生产力。”在科学的道路上，中国要走的路还很长，并且首先应该加强的是自然观的培育，培养真正的科学兴趣，在此基础上培育出如爱因斯坦所说的那种科学宗教精神。

376

qiú zhī yù qiáng, huái yí pī pàn,
求知欲强，怀疑批判，
kē xué jīng shén, èr zhě jù jiān
科学精神，二者俱兼。

【注释】怀疑：疑惑，不相信。
批判：分析、判断或反驳。

科学家是对自然界认识最深刻的人，所以能够创造出最先进的东西。卓越的科学家都是自己研究领域中的领袖人物，人们对这些科学家非常敬佩，希望从他们那里得到教益和启发。通常，那些在各个领域中成就卓著的科学家具有他人所不具备的某些特点，尤其是求知欲和好奇心、想象力和怀疑批判精神。

求知欲和好奇心可以把科学家引导到更深入的层面，即爱因斯坦所说的宇宙宗教情感，从而获得科学研究的最高动机。此时，他们以探索的精神研究事物，渴望探究未知世界，强烈的求知欲望使他们即使失败一百次、一千次也坚持不懈。并且，优秀的科学家都是处于开拓前沿，有时候会遭到激烈反对，甚至遭受传统势力的迫害，但他们却无所惧。所以，在求知欲和好奇心的驱使下从事开拓的科学家是比较孤独的。他们的工作乐趣、顽强与执着来自内心求知求真的渴望而不是强制和责任。另外，卓越的科学家具有非凡的想象力和怀疑批判精神。想象力强的人会有敏锐的洞察力和悟性，以及求异思维。他们不为已存在的结论所束缚，具有获得突破性成绩的基本条件。诺贝尔化学奖获得者 Prof. Hartmut Michael 访问中国时说："中国教育要有怀疑精神，要见到一本书就要怀疑它的正确性，这样才能够学到东西，才有可能做出成果，中国才有可能得到诺贝尔奖。"

377

wù xìng sī wéi, luó ji tuī yǎn,
悟性思维，逻辑推演，

zhí jué gǎn zhī, qiú zhèng shí yàn.
直觉感知，求证实验。

【注释】悟性：对事物理解和分析的能力。
逻辑：思维或事物的规律。

直觉是指对事物的一种突如其来的顿悟或理解。直觉是无意识的，具有跳跃性和发散性，人类历史上的许多重大发现都是在它的引导下诞生的。例如，普朗克的量子假说，爱因斯坦的狭义相对论和广义相对论，在很大程度上就源自丰富的想象力、直觉和灵感。此外，德国魏格纳的“大陆漂移”假说、俄国化学家门捷列夫的“元素周期表”等，也都是直觉的功劳。

丰富自己的知识体系，并灵活对待知识，构成联想，可以为直觉提供潜在的可靠性和借鉴性支持。直觉看似偶然所得，其实是知识积累的结果。如果一个人长期研究、思考某一个问题，做了无数次实验也不得其解，也许就会在一段时间后恍然大悟、茅塞顿开。当然直觉发现最后被认可，还必须要进行科学调查和实验证实。如法拉第从电能产生磁的现象，根据直觉，提出了磁也可能产生电的假说，然后通过大量的实验，发现了电磁感应现象。因此，积累知识，并在冥思中静悟，在直觉的非逻辑的感悟中发现，在诚实的实验中验证，是科学家和艺术家们发挥智慧的主要途径。

378

mù shì qián yán　　huái wēn fén diǎn

目视前沿，怀温坟典，

xīn lián guǎng yǔ　　jīng lún tōng yuán

心连广宇，经纶通圆。

【注释】温：复习。　坟典：古代的典籍。　广宇：广阔的宇宙。　经纶：抱负和才干。　通圆：会通而使圆满。

我们正处于一个激动人心的时代，科技进步日新月异。很难想象得出，在1990年左右还是非常奢侈的手机，在今天已经是再普通不过的小玩意。而且手机虽然变小了，功能却越来越强大，拿着手机就可以轻松地和地球上其他地方的朋友聊天，互致问候。如此再发展30年，正在读这本书的小朋友们，到那时将很可能是引领这世界走向今天完全想象不到的科学前沿的主力军。如果你希望自己有这个能力，那么就应该在今后的学习中关注世界发展前沿动态，并能够认真而系统地掌握某一方面的知识体系。而仅仅关注未来前沿的东西还不够，还应尽可能吸收前人遗留下来的宝贵传统经典。前沿给予你激情，为你提供目标；传统经典却可使你沉静、安稳，厚实你的思想，这两方面不可或缺。在承先启后的过程中，我们不断拓宽自己的思想与胸怀，心连广宇，感悟万事万物内在的本质，在先哲遗留的经典中孕育智慧，把科技进步同经典文化嫁接起来，使自己成为一个思想宏阔、知识结构完整的精英，言有满腹经纶，行可驰骋想象、积极探索，长成栋梁。例如，著名科学家李政道在申请芝加哥大学研究生时，芝加哥大学要求每位申请者必须熟读过校长指定的几十本西方文化名著。而李政道对这些书都不了解，但他向芝加哥大学反馈说他精通东方文化的名著和老子、孔子等，这样芝加哥大学就破格录取了他，后来他获得了诺贝尔物理学奖。可见，无论中外，传统经典尤为重要。

379

tiān dì wéi jìng　wàn wù kě jiàn
天地为镜，万物可鉴，
xiū zhèng xīn líng　shǒu shèng wú biān
修正心灵，手盛无边。

注释

鉴：镜子。

手盛：所做的事非常兴旺。

唐太宗善于纳谏，他曾把魏徵比喻成一面镜子，曾说："夫以铜为镜，可以正衣冠；以古为镜，可以知兴替；以人为镜，可以明得失。"意思是"在铜镜面前，可以知道衣帽穿戴得是否端正；以历史为镜子，可以知道国家的兴衰；以别人为镜子，可以知道自己的言行得失"。因唐太宗能这样明示自己，在他的治理下，唐朝开始走向盛世。那么，今天的我们应该以什么为镜子呢？其实，在我们面前最大的镜子就是天地万物，人类仅仅是天地万物中一个微不足道的微小生物体。在时间和空间上，如把宇宙与我们的教室相比，人类在宇宙中的大小和存在时间，远不及教室里漂浮的一粒灰尘。所以，当我们敞开可以探视宇宙的思想时，宇宙中的任何一个光亮、一个声音、一个天体，都可以给予我们无尽的启迪。而近在我们身边的地球上的一草一木，从大自然系统存在的合理性来看，都可能比人类活得更坦然，更长远。所以，老子将自然作为最高标准，说："人法地，地法天，天法道，道法自然。"如个人以天地自然为镜，就会思想大成，趋近成为人类社会中的精英。如全人类以天地自然为镜，不断控制自己的私欲贪婪，修正心灵，人的精神就会与自然相通，人类的行为就会趋近合理，就可以成为自然中合理的生物，才能延续生生。否则，人类就会成为自然的异类而遭自然淘汰。

380

gāo fēng dēng lín, fǔ lǎn píng chuān,
高峰登临，俯览平川，
wàn xiàng shén sī, piān rán líng gǎn
万象神思，翩然灵感。

注释 万象：宇宙间一切事物或景象。
翩然：轻松迅速的样子。

《毛诗传》说："登高能赋，可以为大夫。"这是因为登高者眺望高远，视野开阔，自然苍茫万象与人间百感尽收眼底。这种自然与心志神交冥会，客观美景与主观情性相互感知的澎湃，叩击着登高者的心弦。此时，对于内心情感、学识修养很丰富的人，必会诗赋泉涌。这样的登高者才华横溢，智慧出众，可以谋划国家大事。所以，在中国古代这些人才可以居于大夫行列。其实，登临高高的山巅，俯瞰层峦叠嶂或无际的平川，那扇属于自我的意识之门会悄然打开，使自我的心胸、眼界豁然开朗。大自然与人性间具有神奇的联系，参悟大自然的客观规律，神思万象，可以使人的灵性和智慧得到滋润和延伸。如此，我们不仅可以歌赋而位于大夫之列，也可以在学术上或工作中培育丰富的思维力。自然神奇，壮丽出于险峻，人类创新意识培养也必在不同学科或不同技术融合的峻峭高峰上，当一座座学科峻峰尽在眼底时，一览众山小，定会有自己新的发现。所以，登高感悟空灵高峻，神游八方四极，灵感翩然而生，可达到卓然不群。

现实中也有另外一种并非真正登高的"登高望远"，主要体现在看待问题的视角和行为处事方面。我们每天都会面对不同的问题，如果在解决问题时不局限于眼前利益，而是将自己的眼界提到更高的层面上来看待和解决问题，或者说跳出自我的圈子，着眼于大局，就会将事情处理得更加圆满，更加服众。这是一种内心境界的"登高望远"。

381

lù xíng wàn lǐ shū dú wàn juàn
路行万里，书读万卷，
xíng zhī yǔ jìn shī fǎ zì rán
行知与进，师法自然。

【注释】师法自然：以自然为师，取法于自然。

“读万卷书，行万里路”是明代著名书画家董其昌《画诀》中的一句名言，它不仅适用于书画，还是古人对做学问的一个总结。“读万卷书”好比是人们通过窗子看到一个由知识堆积成的山，但若想真正知道这座山，还得靠走出门去爬山，即“行万里路”。读书能增长知识，一个人书读得越多，他的头脑受书本知识影响就越大，此时如果他不会应用所学知识，学习就成了“雾里看花，水中望月”，其创新能力就不能被开发出来，就变成了“书呆子”。而“行万里路”是书本知识的实践应用过程，有利于对书本知识的真正掌握。李白踏遍祖国的名山大川，从而完成了从诗人到诗仙的飞跃；徐霞客走遍三山五岳才能写出地理名著《徐霞客游记》；李时珍为了遍识药物，访遍祖国大江南北，采集药物标本，绘千幅药图，写下数百万字的调查记录，成就巨著《本草纲目》。而达尔文的《物种起源》更是在环球考查中得到灵感和思想创造。徐志摩曾说：“自然是本奇妙的书。”其实“行万里路”就是读自然之书。获得 1981 年诺贝尔化学奖的福井谦一说：“我正是由于在少年时代亲近大自然、被大自然的深奥所吸引，才走上了研究科学之路。”读万卷书，让我们吸取前人的知识和经验。行万里路，要求我们通过实践掌握或应用所学的知识。读书与行路的关系也就变成了我们所说的知与行的关系。“纸上得来终觉浅，绝知此事要躬行”，让源于生活的书籍用于生活才是真正的学习。

382

dú shù jìng xiù shén jù cái guān
独树竞秀，神俱材冠，
xué bì dà chéng dàn dēng dào àn
学必大成，诞登道岸。

注释 诞登道岸：达到渊博知识的彼岸。

对于人类精英群体，除了他们在精神层面所共有的“大爱”特质之外，其个性多是风格迥异的。因此，在人才教育培养上，个性化发展尤其重要，要充分理解和发挥个性，而不应将人才培养放在统一的一个模具中定型，如同孤树成材必为栋梁一样。远离森林的孤树生长是很艰难的，它需要独立抵抗风雪，忍耐寂寞，需要有足够的自信和坚强的毅力与韧劲面对自然，经受独立生存的考验。因此，孤树的根系必然要比森林之树的根系丰富且牢固深探，它们的躯干质地更加细密健壮，它们的树冠各具风貌。而远离群居的模式，会增加孤树对自己所面对的一切的从容思考和独特领悟，少有思维羁绊，这样不受约束和干扰的灵性才能得以充分发挥。因此，孤立黄山顶的迎客松可以名扬海内外。但是，孤立环境中的成材者必是少数，多数因难以抵挡恶劣的环境而委曲求全，站不直、立不正，所以有“散木不材”之说。而世俗人也总是以多论全，难以看到少数大用之材的个例。其实，一个人总与其他人一样，往往会湮灭个性，缺乏探索精神和创造性。所以，对于大用之材，需要给予大度的理解和支持，让其自主发展，甚至享有“无用”的自由，容忍其不合世俗的“怪异”，最终收获的将是创造性成果。整齐划一的森林之木可为良材，而少数孤树坚韧挺拔卓为栋梁。

383

shè zhí xiào zhèng gōng xìn rú tiān

摄职效政，公信如天，

xīn cún jìng wèi lí zàn tú yuǎn

心存敬畏，黎赞途远。

【注释】摄职：担任职务，摄指执、持。　效政：效力于政府。
公信：在公众中的信誉。　黎：老百姓。

无论是在政府部门工作，还是在企业的管理职位上履职，业绩的好与坏，合格不合格，不是由自己来评定，而是看自己是否真的给社会或企业带来了发展变化。公务员和政府的业绩应该由社会上的老百姓来评定，如果能够取得老百姓的认可与支持，就是获得了公信力，才是合格的政府与公务员。企业中的管理者，如果能够推动企业快速发展，同时能够给企业员工带来优越的福利待遇，这样的管理者就会得到升级举荐。所以，公信力是职务履行好坏的主要标准，尤其是政府，得民心者得公信力，得民心者得天下。

孔子说“学而优则仕”，但是一个人对书本知识掌握多或寡，与将来从政能否获得民众长期支持相关甚少。除了在工作职位上努力表现外，优秀管理者最根本的素质在于其内心对职责的感悟，更深层次的是对生命最朴素的敬畏心态和对众生的关爱。爱心与敬畏之心是一个人最优秀的本质。当下的科学家们出于对自然的深入理解，时时被自然界那特有的美妙、原则和精神所震撼，对自然心存敬仰之情。但是，今天绝大多数现代人，依赖科学技术的辅助力量，学了少量粗糙的知识，往往以为自己可以“人定胜天”，时常粗暴对待自然和蔑视生命并沾沾自喜，甚至还以为自己功德无量。这样的人不会成为民众长期推崇的人。

384

tài píng zhī jì yīng xióng xī hǎn
太平之稷，英雄稀罕，

dà xū zhī wù sè wèi dàn dàn
大需之物，色味淡淡。

【注释】稷：社稷，社会。
稀罕：稀少。

“需”常用来指人们应该有或必须有的东西，“大需之物”则是所应有的东西中最重要的。比如地球生物所必需依赖的空气、水、阳光等。但是空气、水和阳光等这些几乎地球生命都离不开的东西，却是我们最视为平常的东西，平常到无色、无味的程度，以至于我们很难感受到这些东西的存在。所以，大需之物，多是最普通、最平淡、最不引人注意的东西。

宇宙产生前的“空无”真是平淡到了极点；一些为人类发展作出卓越贡献的大家人物，因为知识的渊博或胸怀宇宙，就更显沉稳和平静。两获诺贝尔奖的居里夫人将奖牌当作孩子的玩具；大师季羡林可以平静地为大学新生看守行李。大需之物对于宗教徒来说可能是信仰，对于普通人来说可能是日常生活中的点滴感动或温暖。这些东西难以言说，却是人类心灵的坚强支撑。一个安定的社会也一定是平淡无奇的。如果一个社会总是处于动荡飘摇的状态，或政策多变，或运动跌宕，可歌可泣的英雄层出不穷，那么这个国家的国民一定难安太平。所以，虽然我们歌颂英雄，但是英雄辈出多是国民生存质量低下或生命危机的产物。《礼记·中庸》称：“中也者，天下之大本也，和也者，天下之达道也，致中和，天地位焉，万物育焉。”此处“致中和”就是一种平淡的状态，这样才可达到和谐境界。

385

cái lèi jīng yīng tōng xué shí yuān
才类精英，通学识渊，
shēn jū jiā guó bó ài gòng chuán
身居家国，博爱共传。

【注释】
类：归类到。　渊：深。
博爱：对所有生命的关爱，佛教《无量寿经》上有“尊圣敬善，仁慈博爱”。

要成为精英人才，无论有无超常的智力，都要依靠后期成长中的勤奋实践和培育感悟能力。只要我们能够勤奋实践，就可以使自己获得许多积累、经验和感悟，可以准确把握外界因素和机会。据统计，获得诺贝尔奖的绝大多数科学家，在少年时代与其他同龄人差别并不大，学习成绩平平、贪玩、调皮等大有人在，很多人家庭条件一般，甚至父母没有接受过高等教育。但是，这些精英人物都具有几个相同的特点，那就是他们从内心里热爱大自然，具有好奇心，毅力顽强，敢于挑战。在具备这些基本素质后，一旦环境适宜，他们就会对自己的工作和事业全心地投入，快速汲取和消化知识，明确人生目标，行思择善而从，心灵天高地阔，如攀于泰山之巅一览群山，使自己的灵性和创造力得以淋漓尽致地发挥，成为学识渊博、精神富裕的思想者和智慧者。此时，求索的兴趣和激情，以及对生命的敬重将成为他们主要的动力，而他们自身对大自然的朴素热爱也会随同不断丰富的思想，凝练出更强的艺术感觉，这样他们就具备了一个精英人才的特殊气质，既有理性的思维，又有活跃的想象力，既有科学素养，又有艺术情感，达到会通，逐步实现超越。精英人才无论是居于一个地区，一个国家，或成就于他国，他们的付出都已超出区界和国界，表达的是对人类和整个自然或生命的关爱。

386

kē xué rén wén, yì shù qíng gǎn,
科学人文，艺术情感，

měi zì zhēn shàn, fēng fàn chāo xián
美自真善，风范超贤。

注释

风范：风度；气派。
贤：有才德的人。

科学家们以极大的热情和兴趣发展科学技术，把人类推到地球“主人”的位置，使人类以前所未有的能力在自然界中发挥作用。然而，科技快速发展到今天，却使人类出现了对自然、对生命认知能力上的“贫富差距”，并且这个差距有越来越大的趋势，文明社会有越来越多的不文明现象存在。思想粗糙者利用科技力量可以轻率炸掉一座山峰，可以轻易填平一片湖泊，可以肆无忌惮地向食品中加毒，任工业污水横流。因此，科技发展迫切需要相应的具有人文关怀的社会环境，否则科技将把人类带上一条灭亡之路。

面向未来，能否建立起一个具有人文底蕴的充满“真、善、美”的人文社会，全在今天我们的少年。少年强，则国强；少年智，则国智；少年美，则国美。我们向著名科学家们学习，追随科学而求真，在真中感悟美，在美和真中懂得善，在真和善中至大美，让自己向着求真、唯美、从善的思想顶峰攀登，站在这个顶峰，我们可怀赋高歌，从而成为一个未来的思想家、哲学家、艺术家、科学家……

后　记

我们处于一个变化的时代，不仅是身处一个变革的社会环境之中，同时，也与全世界共同迎接信息化、全球化时代的来临。文化融合、信息共享、科技合作和价值碰撞已是这个时代的明显特征。但是，从这样的大融合、大变化的背景下来审视我们的基础教育，却发现鲜有改变，尤其是基础教育学科独立的课程体系和教育测评内容等变化很小。正是在这种变与不变的思考中，我开始形成将古典启蒙教育与当代教育相结合，创新实践基础通识教育的想法，并构思这套《汉语·四字经》读本作为教材。其一，希望通过基础通识读本给小读者们提供一个融会贯通的知识结构，使他们未来更好地理解、迎合这个大融合的时代，从根本上为培育他们精英思想铺路；其二，希望通过构筑一个可以透视世界文化和人类普世价值的平台，从而让中华传统文化走向世界，而稳固这个平台的支柱必是中华文史、世界文史和科学人文。

《汉语·四字经》系列读本是在原《英才通识·四字经》系列读本基础上进行修编再版的，修正了原书局部错误，使读本内容更加精确。本书即将付梓，我仍没有丝毫轻松的感觉，此书旨在探索中国基础教育变革，实现基础人文会通教育，出版并非达到目标。倒是追求不受体制约束，可以自我发展教育思想的“自由”志趣，以及身处一个年轻、充满朝气、积极奋进的团队中，才使我静下心来，始终保持一种向上的心态，在目前功利教育的大环境里做最根本的教育研究和实践。

在此，要对圣桥教育集团的同仁们表示感谢，是你们对教育、对圣桥的高度认可，对教学、管理、研发等工作高度负责，积极协作，才允许我有时间坐下来思考教育的本质和此书的写作！感谢圣桥教育研究院汉语项目组在文稿校核中付出的劳动！感谢集团纪颖校长对《汉语·四字经》文稿写作的建议，以及对基础通识教育在全国范围实践的开拓支持！

《汉语·四字经》得以再版，更要感谢暨南大学出版社李战副社长对本书的高度认可和提出的宝贵建议，感谢责任编辑曹军在此书的出版发行中所做的专业细致的工作，以及其他为此书付出劳动的出版社专家朋友们！

真诚感谢北师大徐勇（徐梓）教授、清华大学方红卫教授、人民大学宋洪兵教授对本书给予的高度评价！

此书，限于本人教育思想，希望得到来自社会各界人士的批评！

里　京
2014年10月18日